LONGE DE CASA

Também de Malala Yousafzai:

Eu sou Malala, com Christina Lamb
Eu sou Malala (edição juvenil), com Patricia McCormick
Malala e seu lápis mágico

MALALA YOUSAFZAI
com Liz Welch

LONGE DE CASA

Minha jornada e histórias de refugiadas pelo mundo

Tradução
LÍGIA AZEVEDO

5ª reimpressão

SEGUINTE

Copyright © 2019 by Malala Fund

Edição publicada mediante acordo com Little, Brown and Company, Nova York, Nova York, EUA. Todos os direitos reservados.

O selo Seguinte pertence à Editora Schwarcz S.A.

Grafia atualizada segundo o Acordo Ortográfico da Língua Portuguesa de 1990, que entrou em vigor no Brasil em 2009.

TÍTULO ORIGINAL
We Are Displaced: My Journey and Stories from Refugee Girls Around the World

CAPA
Sasha Illingworth

FOTOS DE CAPA
© 2019 by Tanya Malott
© Marcus Valance/ SOPA/ LightRocket/ Getty Images
© Photographs 2019 by Tanya Malott
© Dan Kitwood/ Getty Images

IMAGEM DE FUNDO
Chantal de Bruijne/ Shutterstock

MAPAS
rolandtopor/ Shutterstock: pp. 1-3, 6-8
Peter Hermes Furian/ Shutterstock: pp. 12-13, 52-53
dikobraziy/ Shutterstock: pp. 59, 79, 101, 109, 119, 147, 175, 187
pingebat/ Shutterstock: pp. 91, 129, 161

PREPARAÇÃO
Nathália Dimambro

REVISÃO
Adriana Moreira Pedro e Renata Lopes Del Nero

Dados Internacionais de Catalogação na Publicação (CIP)
(Câmara Brasileira do Livro, SP, Brasil)

Yousafzai, Malala
    Longe de casa : minha jornada e histórias de refugiadas pelo mundo / Malala Yousafzai, com Liz Welch ; tradução Lígia Azevedo. — 1ª ed. — São Paulo : Seguinte, 2019.

    Título original : We Are Displaced : My Journey and Stories from Refugee Girls Around the World.
    ISBN 978-85-5534-082-6

    1. Migração forçada 2. Refugiados I. Welch, Liz. II. Título.

19-23517   CDD-305.23092

Índice para catálogo sistemático:
1. Jovens refugiados : Histórias : Sociologia   305.23092

Cibele Maria Dias – Bibliotecária – CRB-8/9427

Todos os direitos desta edição reservados à
EDITORA SCHWARCZ S.A.
Rua Bandeira Paulista, 702, cj. 32
04532-002 — São Paulo — SP
Telefone: (11) 3707-3500
www.seguinte.com.br
contato@seguinte.com.br

/editoraseguinte
@editoraseguinte
Editora Seguinte
editoraseguinteoficial

*ninguém deixa sua casa a menos que
ela seja a boca de um tubarão.*

*só se corre até a fronteira
quando se vê a cidade inteira
fazendo o mesmo.*

Warsan Shire, "Home"

SUMÁRIO

Prólogo   9

Parte 1: Estou longe de casa

1. A vida que conhecíamos   15
2. Como isso pode estar acontecendo?   21
3. Deslocamento interno   26
4. Shangla   34
5. A volta para casa   39
6. Entre dois mundos   46

Parte 2: Estamos longe de casa

Zaynab: Por que eu e não ela?   59

Sabreen: Sem olhar para trás   79

Zaynab: Sonhe grande   91

Muzoon: Vi esperança   101

Najla: Milhares de pessoas como a gente   109

María: Ninguém pode tirar o que está dentro de nós   119

Analisa: Sorte	129
Marie Claire: Um novo começo	147
Jennifer: Eu precisava fazer alguma coisa	161
Ajida: À noite, caminhávamos	175
Farah: Esta é a minha história	187
Epílogo	205
Nota da autora	211
Agradecimentos	212
Como ajudar	215
Sobre as colaboradoras	218
Sobre a autora	222

Prólogo

Estou andando pelas ruas de Birmingham com meus irmãos, minha mãe e meu pai, e paro por um segundo para sentir a paz. Está em todo lugar à nossa volta, nas árvores balançando levemente com a brisa, no som dos carros indo e vindo, na risada de uma criança, em um casal dando as mãos timidamente pouco atrás dos amigos. Mas também sinto essa paz dentro de mim. Agradeço a Alá por tudo, por estar viva e em segurança, assim como minha família.

Nunca deixa de me chocar que as pessoas considerem a paz algo garantido. Sou grata por ela todos os dias. Nem todo mundo tem essa sorte. Milhões de homens, mulheres e crianças testemunham guerras diariamente. A realidade dessas pessoas envolve violência, lares destruídos, vidas inocentes perdidas. A única escolha que têm para se manter seguras é ir embora. Então elas "escolhem" ficar longe de casa. Só que não é exatamente uma escolha.

Dez anos atrás, antes que qualquer pessoa de fora do Paquistão soubesse meu nome, tive que deixar meu lar com minha família e mais de 2 milhões de habitantes do vale do Swat. Não tínhamos outra opção. Não era seguro ficar. Mas para onde iríamos?

Eu tinha onze anos. E tive que migrar.

———

Para qualquer refugiado ou pessoa fugindo da violência, que é a principal causa de deslocamento forçado, parece que hoje não existe um lugar seguro no mundo. Até o final de 2017, as Nações Unidas contabilizaram 68,5 milhões de pessoas que foram obrigadas a se deslocar. Delas, 25,4 milhões são consideradas refugiadas.

Os números são tão impressionantes que esquecemos que são indivíduos que foram obrigados a deixar suas casas. São médicos e professores. Advogados, jornalistas, poetas e líderes religiosos. Além de crianças, muitas crianças. As pessoas esquecem que você era um ativista, um estudante, um pai chamado Ziauddin, uma filha chamada Malala. Os refugiados que compõem esses números tão impressionantes são seres humanos que esperam um futuro melhor.

Tive o imenso privilégio de conhecer muitas pessoas que precisaram reconstruir a vida, às vezes em um lugar completamente diferente de onde tinham vindo. Pessoas que perderam muito — inclusive gente que amavam — e precisaram recomeçar. Isso significa aprender uma nova língua, uma nova cultura, um novo jeito. Compartilho minha história de deslocamento não por um desejo de focar no passado, mas para honrar aqueles que conheci e aqueles que nunca vou conhecer.

Escrevi este livro porque muita gente não entende que refugiados são pessoas comuns. O que os diferencia é o fato de que se viram em meio a um conflito que os forçou a deixar seu lar, as pessoas que amavam e a vida que conheciam. Arriscaram muito no caminho, e por quê? Porque quase sempre é uma questão de vida ou morte.

E, como minha família fez dez anos atrás, eles escolheram a vida.

SÉRVIA
BULGÁRIA
SARDENHA
(ITÁLIA)
SICÍLIA
(ITÁLIA)
GRÉCIA
MALTA
TUNÍSIA
CHIPRE
LÍBANO
ISRAEL
LÍBIA
EGITO
SUDÃO
CHADE
REPÚBLICA
CENTRO-AFRICANA
SUDÃO
DO SUL

PARTE 1

ESTOU LONGE DE CASA

1

A vida que conhecíamos

Quando fecho os olhos e penso na minha infância, vejo florestas de pinheiros e montanhas com picos cobertos de neve; ouço rios correndo; sinto a terra calma sob os pés. Nasci no vale do Swat, que já foi conhecido como a Suíça do Oriente. Outros o chamavam de paraíso, e é assim que penso nele. É o pano de fundo das minhas lembranças mais felizes de criança — correndo pelas ruas com minhas amigas; brincando no telhado da nossa casa em Mingora, a principal cidade do vale; visitando nossos primos e outros parentes em Shangla, o vilarejo nas montanhas onde meus pais nasceram; em casa, ouvindo minha mãe e as amigas conversando durante o chá da tarde e meu pai discutindo política com os amigos.

LONGE DE CASA

Me lembro do meu pai falando do Talibã, mas como uma ameaça distante. Desde bem nova, eu me interessava por política e ouvia tudo o que meu pai e seus amigos discutiam, ainda que nem sempre os compreendesse. Naquela época, o Talibã estava no Afeganistão, mas não no Paquistão. Ninguém precisava se preocupar, muito menos eu e meu irmão mais novo, Khushal. Depois chegou o bebê, Atal. Meu maior problema era como me sentia com meus irmãos tomando conta da casa.

Isso começou a mudar em 2004. Eu só tinha seis anos e não notei nada a princípio, mas, em retrospectiva, minhas lembranças são marcadas pelo medo que sei que devia estar cada vez mais evidente no olhar dos meus pais. Cinco anos depois, meu amado vale já não era um lugar seguro, e fomos forçados a deixar nossa casa com centenas de milhares de pessoas.

Começou devagar. O país vivia uma era de avanços para as mulheres, mas nossa região andava para trás. Em 2003, meu pai abriu sua primeira escola de ensino médio, e meninos e meninas assistiam às aulas juntos. Em 2004, salas mistas deixaram de ser uma possibilidade.

O terremoto de 2005 foi devastador não apenas pela destruição que causou — mais de 73 mil pessoas morreram, incluindo 18 mil crianças —, mas também pela vulnerabilidade em que deixou os sobreviventes. Quando homens de um grupo extremista que tinha ajudado muitos dos que se deslocaram por causa do desastre natural começaram a pregar que se tratava de um aviso divino, as pessoas ouviram. Logo, esses homens, que mais tarde se juntaram ao Talibã, passaram a defender uma interpretação muito restrita do islã na rádio local. Diziam que todas as mulheres deviam cobrir o rosto e que a música, a dança e os filmes ocidentais eram pecaminosos. Que os homens deviam usar barba comprida. E que as meninas não podiam ir à escola.

Nosso islã não era assim.

Esses fundamentalistas religiosos diziam defender o retorno do antigo estilo de vida, o que era irônico, considerando que usavam a tecnologia — o rádio — para espalhar sua mensagem. Eles atacavam nosso cotidiano em nome do islã. Diziam às pessoas o que usar, o que ouvir, a que assistir. E, mais que tudo, tentavam tirar os direitos das mulheres.

Em 2007, seus preceitos se tornaram mais agressivos e específicos. Defendiam que TVs, computadores e outros aparelhos eletrônicos não apenas fossem banidos dos lares, mas queimados e destruídos. Ainda posso sentir o fedor de plástico e fios derretendo nas fogueiras que organizaram. Desencorajaram com veemência as meninas de irem à escola. Elogiavam nominalmente pais que tinham mantido filhas em casa e as próprias garotas, e condenavam também nominalmente aquelas que continuavam estudando fora. Logo, declararam a educação de meninas contrária ao islã.

Como ir à escola podia ser contrário ao islã? Não fazia sentido para mim. Como tudo aquilo era contrário ao islã?

Minha família ignorava a maior parte das ordens, mas começamos a baixar o volume da TV, para que ninguém passando na rua pudesse ouvir.

A exigência de que meninas fossem mantidas em casa também chateou meu pai, Ziauddin. Ele dirigia duas escolas que havia começado do nada, uma delas para meninas. A princípio, os extremistas ainda eram um problema periférico para o meu pai — mais uma irritação que um perigo real. O ativismo dele era principalmente ambiental. A cidade crescia rápido demais; a poluição do ar e o acesso à água limpa tinham se tornado problemas. Ele e alguns amigos haviam fundado uma organização para proteger o meio ambiente, promover a paz e a educação no vale. Meu pai estava ficando conhecido por alguns como um homem que devia ser ouvido, e por outros como um encrenqueiro. Mas ele tinha um profundo senso de justiça e não podia se abster na luta pelo que era certo.

Então o Talibã conquistou mais seguidores e mais poder,

e logo a vida que conhecíamos se tornou uma série de lembranças felizes.

As palavras "talibã" e "militante" entraram para a conversa diária, já não se restringiam ao jornal. E rumores de que os militantes estavam se infiltrando no vale do Swat se espalhavam por Mingora.

Comecei a ver homens de barba comprida e turbante preto andando pela rua. Um deles bastava para intimidar todo um vilarejo. Agora estavam patrulhando as ruas. Ninguém sabia quem eram exatamente, mas todo mundo sabia que estavam ligados ao Talibã e impunham seus decretos.

Tive meu primeiro confronto real com o Talibã no caminho para visitar nossa família em Shangla. Meu primo estava levando um monte de fitas cassete no carro para a viagem e acabara de colocar uma no tocador quando viu dois homens usando turbante preto e roupas camufladas acenando para os carros à frente.

Ele tirou a fita, juntou com as outras e as passou para minha mãe.

— Esconde — sussurrou.

Minha mãe as enfiou na bolsa sem dizer nada enquanto meu primo parava o carro.

Os dois homens tinham barba comprida e olhos cruéis. Havia uma metralhadora no ombro de cada um. Minha mãe cobriu o rosto com o véu, e notei que suas mãos estavam tremendo, o que fez meu coração bater mais rápido.

Um dos homens se inclinou sobre o carro e perguntou:

— Vocês têm alguma fita cassete ou CD?

Meu primo fez que não com a cabeça, e minha mãe e eu nos mantivemos em silêncio. Fiquei com medo de que o talibã ouvisse meu coração acelerado ou visse as mãos da minha mãe tremendo. Prendi o ar quando ele enfiou a cabeça pelo vidro de trás para falar conosco.

— Você devia cobrir o rosto, irmã — o homem me disse, severo.

Eu queria dizer: "Por quê? Sou só uma criança". Mas a metralhadora no ombro dele me impediu.

Eles acenaram para nós, mas toda a animação de mais cedo tinha desaparecido. Passamos uma hora em silêncio total. As fitas continuaram na bolsa da minha mãe.

O medo que crescia à nossa volta parecia próximo demais para que o ignorássemos. E então a violência começou.

2

Como isso pode estar acontecendo?

Eu tinha onze anos quando o Talibã começou a bombardear escolas para meninas em todo o vale do Swat. Os ataques aconteciam à noite, então pelo menos ninguém saía ferido, mas imagine chegar à escola de manhã e encontrar uma pilha de entulho. Era mais que cruel.

Eles tinham começado a cortar a energia e a perseguir políticos locais. Chegaram a proibir brincadeiras infantis. Circulavam histórias de talibãs que ouviam crianças rindo e invadiam suas casas para destruir os brinquedos. Eles também bombardeavam delegacias de polícia e atacavam cidadãos. Se os talibãs ouvissem que alguém os tinha criticado, o nome da pessoa era anunciado no rádio. Na manhã seguinte, ela podia ser encontrada morta na praça Verde, o centro da cidade, às vezes com bilhetes alfinetados ao corpo explicando quais haviam sido seus supostos pecados. A coisa ficou tão feia que, a cada manhã, inúmeros corpos se enfileiravam no lugar, o que rendeu o apelido de praça Vermelha.

Era tudo parte da propaganda extremista. E estava funcionando: eles assumiam o controle do vale do Swat.

Meu pai tinha sido aconselhado a parar de falar em defesa da educação das meninas e da paz. E não parou. Mas começou a mudar o trajeto para casa, pensando que poderia estar sendo seguido. E eu adquiri um novo hábito: verificava se todas as portas e janelas estavam trancadas antes de ir para a cama à noite.

Ficamos esperançosos quando o Exército enviou tropas ao vale para nos proteger. Mas significava que a batalha se acercava. Uma base foi instalada perto da nossa casa, então eu ouvia o barulho das hélices de helicóptero cortando o ar e deparava com o pedaço de metal cheio de soldados de uniforme quando olhava para cima. Essas imagens, assim como a dos talibãs de metralhadora nas ruas, se tornaram uma parte tão importante de nosso cotidiano que meus irmãos e seus amigos começaram a brincar de soldados e talibãs em vez de esconde-esconde. Eles faziam armas de papel e encenavam batalhas, "atirando" uns nos outros. Em vez de fofocar despreocupadamente e conversar sobre nossos artistas de cinema preferidos, minhas amigas e eu trocávamos informações sobre ameaças de morte e nos perguntávamos se algum dia voltaríamos a nos sentir seguras.

Aquela tinha se tornado nossa vida. Nenhum de nós teria sido capaz de imaginar.

Coisas assustadoras se tornaram normais. Ouvíamos o som estrondoso de bombas e sentíamos o chão tremer. Quanto mais forte o tremor, mais próxima a bomba. Se não ouvíamos nenhuma o dia inteiro, dizíamos:

— Foi um bom dia.

Se não escutávamos armas de fogo sendo disparadas à noite, como se fossem fogos de artifício, até conseguíamos ter uma boa noite de sono. Como isso podia estar acontecendo com nosso vale?

Perto do fim de 2008, o Talibã lançou um novo decreto: todas as escolas para meninas deviam ser fechadas até 15 de janeiro de 2009, sob o risco de serem atacadas. Era uma ordem que até meu pai seguiria, porque não colocaria suas alunas — e sua filha — em perigo.

Eu havia começado a escrever um blog para a BBC urdu que mais tarde ajudaria o resto do mundo a entender nossa história e a verdade sobre o ataque à educação feminina no Paquistão. Já tinha escrito sobre como a caminhada até a escola, antes um breve prazer, havia se tornado uma corrida marcada pelo medo. E sobre como minha família e eu às vezes nos encolhíamos no chão à noite, o mais longe possível das janelas, enquanto ouvíamos bombas explodindo e o rá-tá-tá-tá de metralhadoras nos montes que cercavam Mingora. Sentia falta dos dias em que fazíamos piqueniques ali. O que já fora um refúgio se tornara campo de batalha.

Muitas meninas deixaram de ir à aula ou foram embora da região para serem educadas em outro lugar quando a proibição foi anunciada — minha turma de 27 alunas passou a ter dez. Mas minhas amigas e eu fomos à escola até o último dia. Meu pai cancelou as férias de inverno para que pudéssemos estudar tanto quanto possível.

Quando chegou o dia em que seria forçado a fechar as portas da escola, meu pai sofreu não apenas por suas alunas, mas também pelas 50 mil meninas da região que tinham perdido o direito de estudar. Centenas de outras instituições de ensino fechariam também.

Fizemos uma assembleia especial, e algumas de nós criticaram o que estava acontecendo. Ficamos tanto quanto podíamos. Brincamos de amarelinha e rimos. Apesar da ameaça iminente, éramos crianças e nos comportávamos como tal.

Foi um dia triste para todos na minha casa. Sobretudo para mim. A proibição de meninas na escola me impedia de realizar meus sonhos, limitava meu futuro. Se eu não estudasse, que tipo de vida teria?

3

Deslocamento interno

Assim que o que seriam minhas férias de inverno acabaram, meus irmãos voltaram para a escola, mas eu não. Khushal disse brincando que queria ficar em casa também. Não achei graça.

O Talibã continuou bombardeando escolas. No post que publiquei no blog da BBC alguns dias depois que minha escola fechou, escrevi: *Estou bastante surpresa, porque aquelas escolas já estavam fechadas. Por que precisavam ser destruídas também?*

Meu pai continuou se posicionando contra o que havia acontecido, e me juntei a ele, aparecendo na TV e dando entrevistas no rádio. A proibição da educação das meninas foi tão impopular que o chefe do Talibã foi persuadido a abrandá-la, e em fevereiro ele concordou em permitir que as meninas pudessem frequentar a escola até o quarto ano. Eu estava no quinto. Mas sabia que era minha única chance, então fingi ser mais nova, assim como algumas amigas. Por alguns meses muito felizes, fomos ao que chamávamos de nossa escola secreta.

Quando a paz entre o Exército e o Talibã foi declarada não muito depois, ficamos aliviados. Mas ela nunca se deu de fato, e o Talibã ganhou poder. As coisas ficaram tão ruins que em 4 de maio de 2009 as autoridades governamentais anunciaram que todos precisávamos deixar o Swat. O Exército estava planejando lançar uma operação intensiva contra os extremistas. Foi declarado estado de guerra, de modo que não era seguro para as pessoas permanecerem no vale.

Minha família recebeu a notícia em choque. Tínhamos dois dias para ir embora.

Minha mãe começou a chorar, mas meu pai só ficou ali, balançando a cabeça.

— Não vai acontecer.

Bastava sair de casa para ver que já estava acontecendo. As ruas tinham sido inundadas de carros e ônibus lotados. As pessoas fugiam em motos e caminhões, riquixás e carroças puxadas por mula, todas com os olhos arregalados em choque. Milhares partiram a pé, porque não havia veículos suficientes para todos. Pertences foram enfiados em sacos plásticos, crianças foram amarradas com panos ao corpo de adultos e carregadas, idosos foram empurrados em carrinhos de mão.

Mas meu pai se recusava a ceder. Continuava dizendo que deveríamos esperar para ver se ia mesmo acontecer.

A tensão em casa era tanta que minha mãe acabou ligando para um amigo do meu pai que era médico e disse:

— Você precisa vir logo. Ele está maluco. Vai ficar, e é perigoso.

No mesmo dia, um parente veio correndo até nossa casa com a notícia. Um primo distante tinha sido pego no fogo cruzado entre o Exército e o Talibã. Estava morto.

Minha mãe começou a fazer as malas. Fomos para Shangla no dia seguinte. Nos tornamos deslocados internos.

Não sou muito emotiva, mas chorei naquele dia. Chorei pela vida que estava sendo forçada a deixar para trás. Me preocupava que nunca voltaria a ver minha casa, minhas amigas ou minha escola de novo. Uma repórter tinha me perguntado pouco antes como eu ia me sentir se um dia tivesse que deixar o vale e nunca mais voltar. Na hora, achei que era uma pergunta ridícula, porque nem conseguia imaginar a possibilidade. Mas agora lá estávamos nós, partindo, e eu não sabia quando voltaria, ou mesmo *se* voltaria.

Enquanto meus irmãos imploravam para levar as galinhas de estimação (quando minha mãe disse que fariam sujeira no carro, Atal sugeriu que usassem fraldas), peguei algumas roupas e enchi uma mala de livros escolares. Era maio, e as provas seriam no fim de junho.

— Quando vamos voltar? Em uma semana? Um mês? Um ano? — eu ficava perguntando.

Ninguém sabia responder, e estavam todos muito ocupados fazendo as malas. Minha mãe me fez deixar os livros para trás, porque não havia espaço para eles. Preocupada, escondi todos no armário e prometi a eles em silêncio que voltaria logo. Ela também recusou o pedido dos meus irmãos.

Como não tínhamos veículo próprio, nos separamos e nos espremeremos nos carros já cheios de dois conhecidos. Fui com minha amiga Safina e a família dela, seguindo um amigo do meu pai, que levou o resto da minha família. Nos juntamos à longa fila de carros que iam deixar Mingora naquele dia. O Talibã tinha bloqueado várias ruas, em muitos casos derrubando árvores, o que restringia o tráfego a algumas poucas vias. O trânsito estava tão entupido e caótico que avançávamos a centímetros. Em determinado momento, passamos por um caminhão grande com uma pequena plataforma unindo as duas rodas dianteiras. Ela não deveria transportar passageiros, mas vi duas pessoas sentadas ali, cobrindo a cabeça enquanto o veículo abria caminho pelas ruas. Cair debaixo da roda de um caminhão era preferível a ficar em Mingora. Foi a escolha que as pessoas fizeram aquele dia.

Do relativo conforto do carro lotado, observei impressionada a enxurrada de gente. Mulheres com uma sacola num ombro e uma criança no outro. Pessoas com dificuldade para carregar malas tão cheias, outras sem nada, nem mesmo sapatos nos pés. Vi carros que deveriam comportar no máximo cinco pessoas carregando dez, e caminhonetes para dez carregando vinte. Uma mulher tinha amarrado as mãos das duas filhas com uma echarpe para não as perder na multidão.

Que tipo de escolha era aquela? Era como o dia do Juízo Final. O que minha família e todos os outros estavam fazendo não tinha sido fruto de uma escolha: era uma questão de sobrevivência.

Um grande grupo de talibãs havia montado barricadas na estrada que sempre pegávamos para Shangla, então precisamos fazer um caminho mais longo aquele dia. Evacuar os civis era a única chance que o Exército tinha de derrotar o Talibã sem perdas maciças. Os talibãs sabiam daquilo, e nos impedir de partir para que servíssemos de escudo humano lhes parecia a melhor opção.

Conseguimos chegar a Mardan no primeiro dia, a mais de cem quilômetros de distância. As pessoas montavam acampamento, mas tivemos a sorte de poder ficar com um amigo do meu pai. Lembro de pouca coisa daquela primeira noite além do medo e da falta de esperança. Meus pensamentos eram uma confusão de perguntas sem resposta. O que vai acontecer com a gente? Nossa casa está segura? Por que tudo isso? Como nossa vida pode ter se transformado nisso?

Meu pai continuava dizendo que não ia durar mais do que alguns dias e que logo tudo estaria bem, mas sabíamos que não era verdade.

Pela manhã, nos arrumamos para prosseguir a jornada até Shangla, mas meu pai foi para Peshawar. Lá, ele se juntaria a três amigos ativistas para pressionar o governo a restaurar a paz no vale, de modo que as pessoas pudessem voltar para casa o mais rápido possível. Queria se certificar de que todos soubessem o que estava acontecendo na região.

Quando o abracei para me despedir, lutei para segurar as lágrimas. Tinha muitas perguntas. Quando vamos nos ver? Vai ficar bem sozinho? Vamos ficar bem sem você? Mas as palavras entalaram na minha garganta e só soluços passaram. Enterrei o rosto no peito dele, tentando sufocar o choro.

— *Jani* — ele disse, me chamando de "querida" em persa. — Preciso que seja forte.

Depois de três dias de uma viagem cheia de incertezas, ficando na casa de gentis desconhecidos uma noite e em um hotel sujo na outra, tivemos que andar os últimos 25 quilômetros, carregando nossos pertences. Só queríamos segurança e a visão de algo familiar. Parar de nos locomover. Nunca quis tanto apenas sentar.

Eu tinha onze anos, o bastante para entender por que estávamos fugindo. Atal tinha cinco, e só compreendia que precisávamos fugir. Mas, depois de um tempo, até minhas incontáveis dúvidas cessaram, e eu só sentia o mesmo que Atal: exaustão.

Quando finalmente chegamos ao vilarejo, respirei fundo, aliviada, como não fazia desde que recebemos a ordem de evacuação. Fomos recebidos de braços abertos por familiares com o rosto preocupado. Meu tio — irmão do meu pai — foi o primeiro a falar.

— O Talibã esteve aqui agora mesmo — ele disse. — Não sabemos se vão voltar.

Minha mãe só balançou a cabeça, cansada demais para chorar.

Nenhum lugar era seguro.

A casa do meu tio tinha paredes de pedra, telhado de madeira e chão de terra batida. Cheirava a barro, lenha e umidade. Fechei os olhos, tentando absorver o cheiro de lama, um dos meus preferidos, pelo que significava. Casa. Família. E, ao menos por enquanto, paz.

4

Shangla

Em Shangla, fomos recebidos pela família. Nos alternávamos entre a casa do irmão da minha mãe e a casa do irmão do meu pai, para não tumultuarmos nenhuma das duas por muito tempo seguido. Gostei de ficar com meu tio Ajab, irmão da minha mãe, porque na primeira noite a filha mais velha dele, Sumbul, sugeriu que eu fosse à escola com ela.

Acordei naquela primeira manhã e me vesti para a escola, feliz por fazer algo que se aproximasse da normalidade. Foi então que me dei conta de que a blusa que eu havia levado não combinava com a calça. Sumbul sorriu diante do meu dilema e me emprestou um *shalwar kamiz*. Em outro contexto, talvez eu tivesse zombado de suas roupas do campo, mas naquele dia fiquei muito agradecida.

Saímos depois do café da manhã, e começamos a caminhada de meia hora pela estrada de terra e cascalho que levava até as montanhas. Eu tinha muitas perguntas sobre a escola de Sumbul, seus amigos, sua matéria preferida. Estava preocupada, sem saber quando receberia notícias do meu pai e o que estava acontecendo lá no Swat, mas poder ir à escola me animava, principalmente considerando que o motivo de eu estar em Shangla era o Talibã, que havia proibido a educação das meninas. Foi bom constatar que, embora tivesse sido obrigada a fugir de casa por suas ordens, eu ainda os desafiava.

Me juntei à turma de Sumbul, que estava um ano à minha frente, e fiquei impressionada — só havia outras duas meninas e mais de uma dúzia de meninos. Também fiquei chocada ao ver minha prima e as outras cobrindo o rosto quando o professor entrou. Não fiz o mesmo. Nem ela nem as outras falaram durante a aula. Não levantaram a mão ou fizeram perguntas. Quando tivemos o primeiro intervalo, os meninos saíram correndo da sala para comer alguma coisa ou ir ao banheiro. As meninas ficaram ali, conversando baixo.

Eu estava em meu próprio país, com a minha família, e mesmo assim me sentia deslocada. Falava demais e não baixava os olhos quando o professor entrava na sala. Não queria faltar com o respeito; só estava sendo eu mesma, sempre educada em sala de aula, mas nunca tímida. Levantei a mão para fazer perguntas como todos os garotos, mas era sempre a última a ser chamada.

No caminho para casa, perguntei a Sumbul por que ela não falava na sala de aula. Minha prima só deu de ombros, e decidi não insistir.

———

Era legal ficar com meus parentes, mas o motivo me incomodava. Eu reconheceria Mingora ao retornar? O Talibã ia recuar? O Exército seria bem-sucedido? O que isso significava, no fim das contas?

Nas semanas seguintes, todos os dias foram iguais. Eu ia à escola, voltava para casa com Sumbul, fazia a lição, lia ou brincava com meus primos, enquanto esperava ansiosa por notícias do meu pai. Eu gostava de ficar com meus primos — sempre tinha amado ir a Shangla —, mas aquilo era diferente. Em geral, as visitas tinham um fim. Agora, não tínhamos ideia de por quanto tempo ficaríamos.

Minha mãe tinha um celular Nokia, mas o sinal era tão ruim nas montanhas que para conseguir usar era preciso subir em uma rocha no meio de um campo. Ela tentava ligar para o meu pai todo dia, mas nem sempre conseguia.

SHANGLA

Finalmente, depois de umas seis semanas, meu pai disse que era seguro nos juntarmos a ele em Peshawar.

A viagem desde Shangla não foi nem de perto tão árdua — não havia bloqueios do Exército nem talibãs nos parando na estrada —, mas ainda assim parecia não chegar nunca.

Meu pai estava esperando do lado de fora da casa do amigo com quem estava morando, de braços abertos e com o rosto radiante. Parecia magro, mas feliz. Meus irmãos pularam no assento e brigaram para ver quem conseguia abrir a porta do carro primeiro. Corremos todos até ele e o abraçamos ao mesmo tempo. Pelo menos dessa vez, minhas lágrimas eram de alegria.

Estávamos juntos; estávamos a salvo.

———

Passamos as semanas seguintes nos mudando, dependentes da generosidade de amigos e familiares. Estar longe de casa significa, acima de tudo, viver preocupado em não se tornar um fardo para os outros.

Como milhões de outros, tínhamos documentos para receber comida. Mesmo quem antes era rico, quem tinha plantações de grãos, precisava ficar na fila para pegar um saco de farinha.

Comemorei meu aniversário de doze anos na casa da minha tia em Haripur, a quarta cidade em que ficamos em dois meses. Na verdade, "comemorar" não é a palavra certa, porque ninguém lembrou. (Minha prima me levou um bolo, mas era mais de meia-noite. Meu aniversário tinha passado. Eu sabia que tinham esquecido.) Estava esperando pelo menos uma surpresinha, apesar da situação, então fiquei decepcionada. Parece bobo agora pensar naquela pobre Malala, sentindo pena de si mesma em seu aniversário, enquanto tantos não tinham a sorte de poder contar com o conforto da casa de um parente. Mas eu sentia falta da tranquilidade do meu aniversário anterior, quando havia comido bolo com minhas amigas. Tudo o que queria era voltar para Mingora, voltar para o lar que eu conhecia antes do Talibã.

Mas acho que eu sabia, mesmo naquela época, que o lar que eu conhecia já não existia em lugar nenhum além dos meus sonhos. Ainda assim, mesmo que meu bolo não tivesse velas para soprar, fechei os olhos e pedi paz.

5

A volta para casa

Quando recebemos a notícia de que finalmente podíamos ir para casa, fiquei desnorteada. Às vezes você quer tanto algo que quando consegue se pergunta se é real.

Enquanto subia ao lado do meu pai no banco de trás da picape vermelha de um amigo da família, pensei: *Sim, é real.* Eu ia voltar para casa! Para minha cama e meus livros. Para minhas amigas e meus vizinhos. Para a escola!

Mas, ao longo da viagem, meu entusiasmo foi substituído pela ansiedade. Passamos por inúmeras casas com marcas de tiros, e outras destroçadas. Havia sinais da guerra recente por toda parte, apesar da serenidade no ar. Para onde estávamos voltando? Encontraríamos um cenário parecido? Quanto tempo levaria para consertar tudo? O sol brilhava e o céu estava tão azul que destacava o branco das nuvens. Cachoeiras familiares caíam em ravinas escarpadas, lembretes cintilantes do que o Swat costumava ser.

Meu pai arfou quando nos aproximamos de Mingora e vimos o rio Swat à frente. Olhei para seu rosto, marcado pelas lágrimas, e compreendi por que tinha sido tomado pela emoção. Senti um aperto no coração. Era o mesmo sentimento de quando reencontrei meu pai em Peshawar. Acho que era esperança.

Hoje sei que tive sorte de sentir aquela esperança ao rever minha cidade. Muitas pessoas não têm nem isso. Mas a esperança foi se esvaindo rápido, porque a cidade que eu havia deixado não era a mesma para a qual retornava.

Fazia quase três meses que havíamos partido em uma torrente frenética de pessoas fugindo para salvar a própria vida. Quando voltamos, as ruas estavam vazias. Não havia ônibus, carros ou riquixás. Ninguém. Estava tudo tão quieto que só ouvíamos o barulho do motor e o esforço do meu pai para conter as lágrimas.

Dirigimos em silêncio enquanto víamos como a cidade tinha se transformado. Quase todas as construções tinham sido alvejadas por balas ou reduzidas a escombros. Prédios inteiros haviam sido destruídos. Carros queimados tinham sido abandonados no meio da rua. Mas também notei que os homens com metralhadoras que haviam criado todo aquele estrago não estavam mais lá.

Partiu meu coração ver grande parte do meu amado vale do Swat em um estado tão deplorável. Minha raiva por ter precisado fugir voltou quando vi toda a violência que havia motivado aquilo.

Quando chegamos em casa, eu estava nervosa. E se o lugar tivesse sido bombardeado? Também havia rumores de saques. O que encontraríamos? Meu pai abriu o portão que dava para o quintal. A grama chegava aos meus joelhos.

A casa estava silenciosa e um pouco empoeirada, mas de resto exatamente como a havíamos deixado. Tudo continuava no lugar. Meus irmãos correram para o quintal dos fundos para ver suas galinhas e voltaram chorando. Tinham morrido de fome. Quando vi seus cadáveres minúsculos, suas penas e asas ossudas emaranhadas como se tivessem dado seus últimos suspiros abraçadas, engoli uma tristeza amarga. Não achei que fossem sobreviver, mas os esqueletos e as penas pareciam simbolizar algo muito maior.

Corri para o armário do quarto de hóspedes. A mala com os livros estava exatamente onde a havia deixado.

Fui tomada pela emoção e me refugiei no meu quarto para me recompor. Estávamos em casa, meus livros permaneciam intactos e o Talibã tinha partido. Eram boas notícias, pensei. Então por que me sentia tão triste?

Mais tarde naquele dia, fui com meu pai dar uma olhada na escola. Ruas antes congestionadas estavam vazias. Nossa cidade, que costumava ser marcada pelo barulho, estava tão silenciosa quanto um cemitério.

Nossa casa permanecera intocada, mas ficou claro que o Exército tinha usado a escola como base de operações. Mesas tinham sido viradas de lado e havia buracos nas paredes, grandes o suficiente apenas para o cano de uma metralhadora. Havia papéis espalhados por toda parte e bitucas de cigarro pisadas no chão. Conforme passávamos de sala em sala, meu pai balançava a cabeça, incrédulo.

Nos dias que se seguiram, ele entrou em contato com seus funcionários. Todo mundo queria voltar ao trabalho. As pessoas precisavam de algo que lembrasse a normalidade. E havia muito o que fazer para recuperá-la. Estávamos de volta, mas havia novos desafios. Tínhamos retornado a uma zona de guerra e nos sentíamos prontos para a reconstrução — de nossa vida e de nossa cidade.

A VOLTA PARA CASA

Estar de volta a Mingora parecia uma vitória. Estávamos felizes por finalmente haver paz, mas não conseguíamos nos livrar da sensação constante de que ninguém estava seguro, em lugar nenhum.

Antes de deixar o vale, os talibãs agiam abertamente, patrulhando as ruas. Agora se escondiam, e assassinar pessoas que falavam contra eles se tornou sua forma preferida de terror. Não os víamos mais, só que a luta não havia acabado. Os talibãs podiam estar em qualquer lugar — no mercado, do lado de fora da escola, no ônibus —, e sem usar seu uniforme característico. Sua rede tinha sido desmantelada, mas os talibãs sobreviviam em pequenos grupos. Eles não tinham sido destruídos, só dispersados.

―――――

A vida voltou ao normal. As ruas se encheram de táxis e riquixás. Lojas abriram, assim como escolas e outros negócios. Estávamos preparando nossa escola para a reabertura e colocando a conversa em dia com amigos e vizinhos. A tensão que sentíamos por saber que o Exército tinha só afastado o Talibã do vale, sem de fato derrotá-lo, se tornara parte da nossa existência cotidiana. Às vezes não passava de um zumbido baixo de ansiedade que era fácil ignorar, mas sempre que um ataque era noticiado, se transformava num medo alto, difícil de sufocar.

Voltei a defender abertamente a educação das meninas. Com toda a exposição que havia conseguido na mídia e através do meu blog, eu tinha construído uma plataforma e queria continuar a usá-la para o bem. Já havia começado a ver mudanças positivas. Quatrocentas escolas tinham sido destruídas (70% delas para meninas), mas muitas foram reconstruídas. As coisas estavam melhorando; até os assassinatos tinham diminuído. Começávamos a sentir algo próximo de segurança de novo. Às vezes até o zumbido baixo da ansiedade sumia, e mal pensávamos no Talibã.

Mas as coisas não saíram como planejado. Pensei que ia terminar os estudos e entrar para a política para ajudar as meninas do Paquistão. Então, em 9 de outubro de 2012, atiraram em mim. Eu tinha me tornado um alvo do Talibã porque defendia a educação das meninas e a paz.

A história do que aconteceu naquele dia foi contada e recontada — então não vou fazer isso aqui. Tudo o que você precisa saber é que, quando se passa por uma experiência do tipo, o resultado é um de dois extremos: ou você perde completamente a esperança e se despedaça por completo, ou ganha tanta força que tem a certeza de que ninguém mais pode te derrubar.

Mais uma vez, minha vida mudou por causa de circunstâncias fora do meu controle. Nesse caso, a violência foi direcionada apenas a mim, mas afetou muita gente na minha vida. Fui transportada pelo Paquistão para ser tratada, de Mingora a Peshawar e a Rawalpindi. Então, uma semana depois, ainda em coma induzido, fui levada de helicóptero para Birmingham, na Inglaterra. Por sorte, não lembro do ataque nem de nada da semana seguinte. Só lembro de estar no ônibus da escola, falando com minhas amigas sobre as provas, e depois de abrir os olhos no hospital.

Eu estava machucada, sentia fortes dores de cabeça e tinha perdido a audição de um ouvido e os movimentos do lado esquerdo do rosto. Fiquei confinada a uma cama de hospital. Estava sozinha em uma cidade estrangeira com médicos que pareciam me conhecer, mas que eu mesma não conhecia. De novo, estava longe de casa. Dessa vez, ligada a máquinas que ajudavam a me manter viva.

Ainda assim, não fui derrubada.

6

Entre dois mundos

Quando saí do hospital para minha nova vida — quase três meses depois de ter sido levada do Paquistão para a Inglaterra —, a primeira coisa que senti foi um frio cortante, apesar do casaco roxo de inverno que alguém havia me dado. Era dois números maior do que eu usava, e eu me sentia pequena, como uma boneca. O ar gélido entrava pela gola e pelas mangas e chegava até meus ossos. Achei que nunca fosse me esquentar. O céu cinza refletia de maneira quase sombria na neve branca cobrindo o chão. Senti uma saudade profunda do calor e do sol de casa.

Dirigimos pelas ruas de Birmingham até o prédio alto para o qual meus pais haviam se mudado depois de passar semanas em um hotel. O agito da cidade me lembrava um pouco de Islamabad, embora os arranha-céus fossem tão altos que eu ficava tonta só de olhar. Alguns prédios tinham placas de neon que piscavam em um arco-íris de cores, enquanto outros pareciam ter sido embrulhados em papel-alumínio ou cobertos de espelhos.

As pessoas também eram diferentes — uma mistura de brancos, pardos e negros, europeus, asiáticos e africanos. Mulheres de burca andavam pelas ruas geladas ao lado de outras de minissaia, com as pernas arrepiadas pelo frio e saltos impossivelmente altos. Ri sozinha ao lembrar de quando vi mulheres sem véu em Islamabad e achei a cidade tão liberal!

Quando minha família foi do Paquistão para Birmingham, levou apenas as roupas do corpo. Não havia tempo para passar em casa, nem seria seguro. O que significava que tínhamos que começar do zero em um mundo que nos era totalmente estrangeiro. A começar pelo apartamento. Meus pais tiveram que comprar pratos, panelas e talheres para que pudéssemos fazer refeições em casa. No Paquistão, minha mãe teria ficado muito feliz com isso! Ela adorava comprar utensílios legais para a cozinha em Mingora, mas em Birmingham dizia que não pareciam dela. Não havia uma sensação de pertencimento — minha mãe se sentia uma estranha numa terra estranha.

Parecia mesmo que tínhamos pousado na Lua — tudo era

diferente, aos olhos, ao nariz e ao toque. Só para chegar ao apartamento precisávamos pegar o elevador. Eu tinha usado um com meu pai no verão anterior, então pelo menos já experimentara a sensação de ser transportada em uma pequena caixa metálica. Mas, para minha mãe, era como entrar numa espaçonave. Ela literalmente fechava os olhos assim que entrávamos e começava a rezar baixinho. Então, quando estávamos seguros no apartamento, eu a ouvia falando sozinha:

— Estamos no alto do prédio! E se houver um incêndio? Ou um terremoto? O que fazemos?

No Paquistão, correríamos para a rua. Minha mãe gostava de manter os pés no chão.

Aqueles primeiros dias em Birmingham me lembraram de quando tínhamos fugido para Shangla — tínhamos conforto e éramos bem cuidados, mas não fora nossa escolha ir para lá, e sentíamos falta de casa. Para completar, os rostos, a comida e a língua nos eram estrangeiros.

A princípio, achei que nossa estada em Birmingham era temporária. Eu tinha certeza de que estaria em casa a tempo das provas de março. Não sabia que ainda me ameaçavam. Meus pais não queriam me assustar.

Março chegou e foi embora, e perdi as provas. Ainda assim, achava que ia voltar. Logo. Recuperaria o tempo perdido e acompanharia o resto da turma. Era a mesma sensação que tive no hospital, tirando o medo de não saber onde estava minha família — de que tudo aquilo era temporário. Em abril, entrei numa escola local para meninas. Comecei a aceitar a ideia de que talvez aquela vida na Inglaterra fosse a minha realidade agora.

Havia tanto com que se acostumar — começando pela meia-calça azul-escura piniquenta que eu devia usar por baixo da saia comprida de lã. Sentia falta do conforto e da praticidade do *shalwar kamiz*! As instalações da escola eram enormes — três andares feitos de pedra —, com três escadarias, uma vermelha, outra azul e outra verde, que levavam a áreas diferentes de vários prédios conectados por meio de corredores e até mesmo pontes. Era um labirinto. Levei semanas para conseguir me orientar lá dentro.

Na sala de aula, pelo menos, não dava para perceber como eu me sentia deslocada. Mas nos intervalos, na sala de estudos e no almoço, era impossível fingir. Era quando eu me sentia mais sozinha: não sabia o que dizer para as outras meninas, que sentavam em grupinhos, rindo ou revirando os olhos. Eu fingia ler qualquer livro que tivesse comigo, e sentia tanta falta de Moniba, Malka-e-Noor, Safina e todas as minhas amigas de Mingora que era como se tivesse um buraco no estômago, uma fome que não conseguia saciar. Aquelas meninas pareciam tão diferentes das minhas amigas. Seus modos, o jeito de falar, tão rápido que as palavras se atropelavam. Eu não sabia se devia me apresentar e tentar conversar ou se devia esperar que falassem comigo. Devia rir das piadas? Contar uma? Às vezes elas usavam palavras que eu não usaria. Devia usar? Começar a falar palavrões? Rir quando riam?

Eu ficava tão cansada de tentar entender aquilo que mal podia esperar para o sinal tocar, indicando o fim das aulas. Pelo menos em nossa nova casa eu podia falar pachto com minha família e provocar meus irmãos. Podia falar com Moniba por Skype e assistir a novelas indianas com minha mãe. Era meu único consolo.

Eu ainda não tinha aceitado que seria difícil voltar ao Paquistão. Àquela altura, sabia que o Talibã tinha me ameaçado publicamente, mas na minha mente ingênua e cheia de esperanças, estava convencida de que retornaria. Então, ainda que estivesse me acostumando com Birmingham, me mantinha agarrada à ideia de que era temporário. Não era o começo da nossa vida no exílio. De alguma maneira, eu ao mesmo tempo sentia que era passageiro e sabia que não era.

Uma coisa que me ajudou foram as inúmeras cartas que recebi de pessoas do mundo todo, principalmente meninas e mulheres me agradecendo por defender seus direitos. Elas vieram quando eu estava prestes a tomar uma decisão: ia continuar lutando pela educação das meninas ou não? Foi então que me dei conta de que os talibãs tinham fracassado em sua missão: em vez de me silenciar, eles levaram minha voz para além do Paquistão. Pessoas do mundo todo queriam apoiar a causa pela qual eu tinha tanta paixão; me incentivavam e me davam as boas-vindas. Isso me inspirou a continuar meu trabalho.

A partir de então, sempre que alguém me perguntava quais eram meus planos, eu respondia:

— Continuar a lutar pelo direito das meninas à educação.

Meu ativismo tinha começado no Paquistão, e eu ia prosseguir com ele em meu novo lar.

PARTE 2
ESTAMOS LONGE DE CASA

Não sou uma refugiada. Mas compreendo a experiência de estar longe de casa, de ter que deixar meu lar, meu país, porque ficar seria perigoso demais. Quando penso em refugiados e em todos aqueles que foram obrigados a migrar, penso em resiliência. Coragem. Bravura. Penso na primeira viagem que fiz ao campo de refugiados de Zaatari, na Jordânia, em 2014, e em todos os sírios que encontrei na fronteira. Eles tinham chegado ao fim de sua jornada angustiante, mas era apenas o começo de uma vida diferente e incerta. Penso em Muzoon, María e Marie Claire. Penso em Najla e Zaynab. E essas são apenas algumas das meninas e jovens extraordinárias que conheci que me inspiraram a mergulhar mais fundo em minha própria história de migração para compreender e compartilhar a delas.

Muita gente acha que refugiados deveriam sentir apenas duas coisas: gratidão ao país que lhes ofereceu asilo e alívio por estarem a salvo. Acho que a maior parte das pessoas não compreende o emaranhado de emoções que surge ao deixar para trás tudo o que você conhece. Não se está apenas fugindo da violência — que é o motivo pelo qual tantos são forçados a ir embora e é aquilo que os jornais mostram —, mas também deixando seu país, sua amada casa. Isso parece se perder nas discussões sobre refugiados e deslocados internos. Há um foco exagerado em onde estão agora, em vez de no que perderam.

Sou muito grata ao Reino Unido pela recepção calorosa que eu e minha família recebemos. Mas não se passa nem um dia sem que eu tenha saudade de casa. Sinto falta das minhas amigas, do gosto do chá paquistanês fervido com leite no fogão e adoçado com açúcar. Minha mãe faz arroz com frango aqui, meu prato preferido, mas o sabor era diferente no meu país. Não sei explicar como, mas ficava mais gostoso lá. O mesmo acontece com o peixe: no Paquistão, os filés finos vão para a frigideira com diferentes temperos, o que é totalmente diferente do peixe frito em imersão acompanhado de batatas, que todo mundo ama na Inglaterra. Todo mundo menos eu! Sinto falta de ouvir pachto sendo falado nas ruas e do cheiro da terra depois da tempestade no vilarejo nas montanhas onde meus avós moram. Tenho saudade do verde exuberante do vale do Swat, o lugar que chamei de lar pelos primeiros quinze anos da minha vida.

Mas não sinto falta de prender o ar toda vez que via soldados talibãs nas ruas de Mingora. Ou de verificar repetidas vezes se a porta da frente estava trancada antes de dormir, como fazia quando tinha dez, onze e doze anos, e nosso vale deixou de ser seguro. Nem tenho saudade de ficar esperando meu pai voltar para casa à meia-noite depois de se encontrar com amigos que se opunham ao Talibã. Sinto o estômago gelar só de relembrar aquelas noites escuras em que ficava deitada na cama rezando para que ele voltasse em segurança.

Não sinto falta dos sons da cidade sob cerco, com helicópteros do Exército sobrevoando nossa casa e bombas explodindo cada dia mais alto e mais próximas, antes de o governo finalmente forçar a evacuação.

Mas tenho saudade de casa. E reconheço os mesmos sentimentos conflitantes nas histórias das meninas e jovens que encontro. Nunca pensei em mim mesma como porta-voz dos refugiados. Quando visito um campo, sento com as pessoas e peço que me contem suas histórias. Foi assim que começou. Comigo ouvindo. Todas elas têm suas próprias listas de sons, cheiros e gostos de que sentem falta, além de pessoas de quem não conseguiram se despedir. Todas têm momentos de sua jornada que nunca vão esquecer, e rostos e vozes que gostariam de lembrar.

Compartilhei minha trajetória para honrar as meninas que conheci. Mas agora é hora de compartilhar as histórias de algumas delas. Para dizer a verdade, não quero continuar contando a minha. Meu objetivo atual é viver no presente e focar no futuro, mas sei que o interesse das pessoas não cessou. Se contando minha história posso ajudar a divulgar a história de outras meninas, é o que vou fazer. Sou parte do grupo de pessoas que não teve escolha a não ser deixar sua casa para trás. E, juntas, nossas histórias se espalham pelo mundo ao mesmo tempo que permanecem firmes em nossos corações.

Zaynab

Por que eu e não ela?

•

Iêmen —> Egito —> Minnesota

Conheci uma garota corajosa em Minneapolis, durante a promoção de Malala, um documentário sobre a minha vida. Íamos exibir o filme numa sessão exclusiva para jovens e depois eu falaria com eles e pediria que me contassem sobre sua vida. Muitas garotas me contaram sua história naquele dia, mas uma se destacou — a de Zaynab. Dava para sentir sua determinação. Apesar de ter ficado fora da escola por dois anos enquanto fugia da guerra, ela tinha acabado de se formar no ensino médio como oradora da turma e com notas excelentes. Já a irmã dela, Sabreen, teve uma experiência diferente. Não porque não fosse tão inteligente ou determinada. Zaynab conseguiu o visto e pôde ir para os Estados Unidos. A irmã dela não teve a mesma sorte.

Malala

Ainda não sei por que recebi o visto para vir aos Estados Unidos e minha irmã mais nova não. Eu tinha dezoito anos quando cheguei ao aeroporto de Chicago. Ela tinha dezesseis e ficou para trás.

Me despedir de Sabreen no aeroporto do Cairo foi doloroso. Já tínhamos perdido tanto. Tínhamos deixado o Iêmen juntas dois anos antes, porque ficar era perigoso demais. Havíamos morado com parentes distantes no Egito por dois anos enquanto esperávamos pelo visto. E lá estava eu, pegando um avião para os Estados Unidos — sem ela. Foi em dezembro de 2014. Não vejo minha irmã desde então. A saudade que sinto — dela, do Iêmen, de como as coisas eram antes da violência — é tão grande que às vezes sinto que vai me engolir.

E essa sensação torna minha experiência como refugiada nos Estados Unidos mais amarga do que doce.

Mas eu sabia que era uma das felizardas. Quando cheguei aos Estados Unidos, tinha uma casa para onde ir, mesmo que nunca a tivesse visto. Porque, quando cheguei, reencontrei minha mãe, que não via havia catorze anos.

LONGE DE CASA

Meu primeiro dia de aula em Minneapolis foi uma sexta-feira. Fazia apenas uma semana que eu estava nos Estados Unidos e não falava nada de inglês. Fazia tanto frio naquela manhã que enrolei o cachecol em volta do rosto e deixei só os olhos à mostra, e ainda assim fiquei achando que iam virar cubos de gelo. Eu nunca tinha passado tanto frio. Nem sabia que um clima daqueles era possível. O vento atravessava o casaco de inverno que minha mãe tinha me comprado no dia anterior. Eu sentia tanto frio que parecia que meu sangue ia congelar enquanto caminhava a curta distância do ponto de ônibus até a escola. Lembro de ficar muito aliviada ao entrar no prédio e ser recebida pelo calor.

Fiquei ainda mais feliz ao ver tantos alunos muçulmanos! Eu achava que todo mundo era branco nos Estados Unidos, mas então vi uma garota somali usando um *hijab* verde maravilhoso, outra usando um vermelho-vivo, e outra usando um azul. Era como se um arco-íris vibrante se abrisse no corredor.

Quando fui à secretaria pegar meus horários, senti uma mistura de animação e intimidação. A escola era enorme, se espalhando por diferentes prédios. Eu não sabia onde ficavam as salas aonde deveria ir. No andar de cima? No andar de baixo? Naquele edifício ou em outro?

Então vi alguém que achei que poderia me ajudar e entreguei meus horários, desesperada. Ele me disse que seu nome era Habib. Ri, porque significa "amado" em árabe, e parecia um bom sinal.

Habib me mostrou onde seria minha primeira aula.

— Esta é Zaynab — a professora me apresentou à turma. — Ela acabou de chegar do Egito.

Eu não sabia o que dizer, então fiquei quieta.

Então uma garota disse, em árabe:

— Você fala árabe?

Meu coração, que estava tenso desde o café da manhã, de repente relaxou.

O nome dela era Asma. Tinha nascido na Somália, como minha mãe, mas crescido no Egito. Ela ficou ao meu lado o dia todo. Serviu como guia e tradutora, e se tornou minha melhor amiga.

Logo conheci um garoto chamado Abduwalli. Ele era do Iêmen, mas tinha ido embora antes da revolução, o que significava que escapara da maior parte dos bombardeios e mortes. Abduwalli gostava de morar nos Estados Unidos e não tinha planos de voltar ao Iêmen, o que me deixou espantada. Fazia apenas uma semana que eu estava naquele lugar desconhecido, mas não conseguia me imaginar tão confortável ali quanto ele. Também estava certa de que as saudades do Iêmen não passariam.

Nasci no Iêmen. Minha mãe é somali e meu pai é iemenita. Ele foi embora quando minha irmã nasceu. Eu tinha dois anos. Não tenho ideia de por que partiu ou aonde foi — tudo o que sei é que se casou de novo. No Iêmen, um homem pode ter quatro esposas. Ele arranjou outra e nos deixou.

Não tenho muitas lembranças da minha mãe no Iêmen. Ela foi para os Estados Unidos quando eu tinha cerca de quatro anos. Conseguiu o visto através de um sistema de loteria e não podia nos levar com ela. Nunca senti sua falta, ou me perguntei por que não podia nos levar junto, porque minha avó materna nos criou como se fôssemos suas filhas. Morávamos em Aden, uma das maiores cidades do Iêmen. Éramos uma família grande, com muitos primos e tios. O amor que minha avó nos dava era o bastante para que eu não sentisse saudade dos meus pais.

Minha avó lia para nós e contava histórias de seus ancestrais. Ela tinha muito orgulho de sua ascendência árabe, e recitava poemas em árabe com brilho nos olhos. Ela era pura alegria! Eu a amava muito. Então, quando levou um tombo feio em setembro de 2010, fiquei preocupada. Eu tinha só catorze anos, mas sabia que era grave. Minha avó sentia tanta dor que minha irmã e eu tínhamos que dar banho nela, vesti-la e até alimentá-la. Ela ficou na cama por uma semana, se recusando a ir ao hospital. Insistia que estava bem.

E acreditamos nela.

Então, fiquei surpresa quando voltei para casa uma noite algumas semanas depois e encontrei um monte de gente vestida de preto na sala. Alguns choravam. Senti cheiro de café e vi que havia tâmaras secas, que é o que servimos quando alguém morre.

— O que está acontecendo? — perguntei.

Minha tia olhou para mim, com o rosto marcado pelas lágrimas, e só balançou a cabeça.

— Ela não sabe? — alguém perguntou.

— Sabe o quê? — quase gritei. Algo terrível havia acontecido.

Precisava saber o quê.

Não queria saber o quê.

Então alguém disse:

— Sua avó morreu esta manhã.

Parecia que todo o ar tinha sido sugado da sala.

Minha avó era tudo para a gente. Tinha um papel importante em tudo o que eu sonhava para o futuro — era o rosto que eu via no meu casamento, a pessoa que ia me ajudar a criar meus filhos. Quem mais podia me ensinar a dar a eles o mesmo amor que dera a mim e à minha irmã? Em todos esses sonhos, ela estava comigo, ao meu lado, sorrindo. Como podia ter partido?

Minha avó também era nossa ligação com a família do meu pai — sem ela, eu e minha irmã estávamos sozinhas. Ao mesmo tempo, a situação do Iêmen ficava cada vez mais instável, e com isso minha família estendida começou a se espalhar e a se desfazer. Alguns primos foram com os pais para outras cidades no país, enquanto outros mudaram para a Europa. Minha irmã e eu ficamos com uma tia, irmã do meu pai. As duas filhas dela eram mais velhas que nós e também haviam decidido ir embora. Uma partira para a Europa e outra para a Síria.

Morávamos com nossa tia em Aden quando a revolução começou oficialmente, no início de 2011, influenciada por levantes na Tunísia que haviam provocado uma mudança de regime algumas semanas antes. Inspirados pelo resultado, ativistas em outros países árabes decidiram agir, e os protestos se espalharam rapidamente — pela Síria, Iêmen, Egito e Líbia. A Primavera Árabe exigia mudança. No Iêmen, o povo queria que o presidente, que estava no poder havia trinta anos, renunciasse. Os protestos eram pacíficos a princípio, mas a polícia começou a dizer às pessoas que se passassem por determinadas áreas corriam o risco de levar tiros. Então a raiva transbordou. Circulavam histórias de inocentes sendo assassinados — até mesmo crianças voltando da escola. Quando meu tio levou um tiro na volta do trabalho, soubemos que ninguém estava a salvo.

Eu estava em aula no começo de 2012 quando entreouvi dois professores falando sobre uma ameaça de bomba na escola. Pensei: *É o fim. Vamos todos morrer*. Ainda bem que a polícia chegou e desativou a bomba, ou não poderia contar minha história.

Ninguém sabia quem ligara avisando ou qual grupo tinha plantado a bomba. O mundo estava de cabeça para baixo. Aquele momento marcou o começo do que os repórteres chamavam de "bombardeios indiscriminados". Eu chamava de "bombas caindo aleatoriamente do céu sem que ninguém soubesse quando ou onde a próxima ia explodir".

Ninguém sabia quem era o responsável pelas bombas, de tantos lados que havia no conflito — o governo, os revolucionários, os grupos terroristas que queriam tomar o poder do país.

Uma manhã de dezembro, acordei com o barulho de uma explosão. Minha cama tremia, assim como o chão. Corri para a janela e vi uma nuvem de fumaça e poeira subindo ao longe. Ouvi a crepitação de pedras caindo e gritos desesperados.

Todo mundo em casa acordou e ficou em choque.

— Podia ter sido a gente — minha tia disse.

Pouco depois, fui despertada de novo por outra explosão

alta. A casa toda tremia com violência. Senti um líquido quente escorrer pelos lençóis e olhei para minha irmã, deitada ao meu lado. Seus olhos estavam arregalados, e me dei conta de que ela estava tão assustada que tinha molhado a cama. Eu estava assustada demais para ficar brava com ela. Corri para a janela e vi que o andar de cima da casa do vizinho tinha sumido, desintegrado em uma pilha de destroços. Então ouvimos os gritos, tão próximos, tão angustiados, e concluí que alguém devia ter se machucado, ou pior.

Minha tia ainda sofria com a morte da minha avó, e o estresse adicional das "bombas indiscriminadas" a deixaram ainda mais instável. Algo se partiu dentro dela aquele dia. Começou a falar sozinha e a ter longos acessos de choro. Ela deveria cuidar de nós, mas, em vez disso, eu e minha irmã precisávamos cuidar dela. Não parecia conectada à realidade e ao que estava acontecendo à nossa volta.

Foi então que decidi entrar em contato com a minha mãe.

Eu não falava com a minha mãe fazia anos. Mas sabia que ela ia ajudar. Quando finalmente consegui contato, ela me disse para ir para o Egito, onde morava um primo da minha avó. Muitos iemenitas estavam fugindo — para o Egito, a Itália ou a Grécia. Qualquer lugar era melhor que o Iêmen. O único país que eu havia conhecido, meu lar, tinha se tornado perigoso demais.

Minha mãe disse que ia me mandar dinheiro para comprar as passagens para o Cairo. Para ser sincera, eu não queria ir. Tinha medo de um futuro incerto em um lugar desconhecido. O Iêmen podia ter se tornado assustador, mas pelo menos me era familiar. Era minha casa. Também era onde eu tinha visto minha avó pela última vez. Deixar o país era como deixá-la também.

Quando fizemos as malas, peguei tudo o que minha avó havia tocado e ainda tinha seu cheiro, como suas roupas. Levei também os livros de poemas árabes que havia ganhado em um concurso de leitura na escola, documentos, fotos e minhas próprias roupas. Por fim, dobrei a manta que ficava na cama onde ela tinha morrido. Era a última coisa que minha avó havia tocado. Eu podia me envolver com ela se precisasse de um abraço, pensei enquanto a guardava na mala.

Fomos para o Cairo, em minha primeira viagem de avião. Estava com medo, mas não tinha escolha. Fomos morar com um parente distante que vivia em Barty, na região de Alf Maskan. Eu odiei. Era sujo e fedia como se tivesse animais apodrecendo nas ruas. *Pelo menos não vamos ficar muito tempo*, pensei. Minha mãe estava em contato com a embaixada americana, e minha irmã e eu fomos juntas pedir o visto. O Egito era apenas temporário.

Quatro meses depois, a embaixada me ligou para um check-up. Eles fizeram uma porção de exames e tiraram sangue. Quando voltaram a entrar em contato, disseram que eu tinha tuberculose.

— O que é isso? — perguntei.

Não tinha ideia.

Estava com tosse fazia dois meses, e passei por um período em que tinha febre toda noite e acordava suando frio. Parei de comer e perdi muito peso, mas, quando fui ao hospital ver o que tinha, me disseram que não era nada grave. Ninguém mencionou tuberculose.

A casa em que estávamos tinha computador, então procurei "tuberculose" no Google e aprendi que pessoas morrem disso. Eu já tinha sobrevivido a tanta coisa que morrer de uma doença qualquer parecia particularmente cruel. Contei ao primo com quem eu morava o que a embaixada havia dito. Achei que pudesse me ajudar. Em vez disso, ele ordenou:

— Fora!

— Por quê? — perguntei, embasbacada. — O que eu fiz?

— Você vai deixar todo mundo doente! — gritou.

Ele disparou pela casa, recolhendo minhas coisas e as jogando em mim.

— Arruma suas coisas e vai embora! — ele gritou.

Deixei o lugar completamente em choque. Nem contei à

minha tia ou à minha irmã o que havia acontecido, porque não queria que ficassem doentes. Inventei que a embaixada queria que eu fizesse mais exames. Disse que ia ficar em um hospital próximo. Era mentira. Se soubessem que tinha sido expulsa, iam querer vir comigo, e eu não queria colocá-las em risco.

Foi difícil encontrar um lugar onde ficar. No Egito, uma jovem não pode alugar uma casa sozinha. As pessoas perguntariam: *Por que você está sozinha? Quem você vai trazer pra casa à noite? Você é uma garota comportada ou não?*

Acabei encontrando um quarto numa casa em Aldoqqi. Ficava mais perto da embaixada, o que era conveniente, porque tive que ir lá diariamente por seis meses para pegar remédios e tomar injeções. Os funcionários da embaixada precisavam garantir que eu tinha terminado o tratamento antes de me dar o visto. Embora talvez estivesse me curando da tuberculose, comecei a me sentir mal com toda a medicação. Pelo menos já não era contagiosa, então fui ver minha tia e minha irmã, que tinham se mudado para a casa de outro parente. Nunca contei quão doente eu estivera.

Terminei o tratamento em meados de dezembro, então a embaixada disse que meu visto para os Estados Unidos tinha sido aprovado. Eu ia fazer dezenove anos no dia 27, e aquele era o melhor presente de aniversário do mundo.

— Quando nós partimos? — perguntei.

— Nós quem? — a funcionária da embaixada perguntou.

— Minha irmã e eu!

Ela me olhou, perplexa, e disse:

— Só recebi a sua liberação.

A sensação de pânico que começava a tomar conta do meu corpo me era familiar.

Soletrei o nome da minha irmã — S-A-B-R-E-E-N — e pedi que a mulher verificasse de novo.

Tinha certeza de que iam encontrar a documentação dela. Seu visto seria aprovado. Tudo ficaria bem.

A funcionária conferiu no computador e disse:

— Não temos nada no sistema.

Meu coração parou.

Então ela disse:

— Ah, aqui está.

Fiquei tão aliviada. Sabia que só podia ser um mal-entendido.

— O pedido dela foi rejeitado.

Aquelas palavras eram muito piores do que "Você tem tuberculose". Não doíam tanto quanto "Sua avó morreu", mas quase.

— Por quê? — foi tudo o que consegui perguntar.

A mulher deu de ombros.

— Só sei que o seu pedido foi aprovado.

Quando deixei a embaixada aquele dia, estava com a cabeça cheia de perguntas. O que deu errado? Cometemos um erro na papelada? Ela tem algum tipo de doença? Passei tuberculose para minha irmã? Por que eu e não ela? Enquanto considerava cada possibilidade, pensei: *Podemos resolver isso. O visto vai ser aprovado. É só mais um obstáculo.*

Liguei para minha mãe para compartilhar as notícias chocantes. Eu não conseguia me animar por meu visto ter saído, não quando o da minha irmã tinha sido recusado. Ela me assegurou de que não passava de uma falha técnica.

— Vamos resolver isso — disse.

Contar a Sabreen foi doloroso. Ela queria ir para os Estados Unidos ainda mais do que eu. Quando mais nova, era obcecada por *Hannah Montana*, e mesmo antes de os problemas começarem no Iêmen dizia:

— Um dia eu vou para os Estados Unidos. É onde Hannah mora!

Mas Sabreen se manteve notavelmente calma. Não chorou nem demonstrou raiva. Só disse:

— Vou ficar bem! Posso continuar com os primos e entrar com outro pedido de visto! Vou assim que puder.

Quando dei um abraço forte na minha irmã, senti que ela tremia. Estava lutando contra o mesmo impulso que eu. Se começássemos a chorar, acabaríamos nos afogando.

LONGE DE CASA

Um vizinho levou minha irmã e eu ao aeroporto em dezembro de 2014. Quando fiz o check-in, me disseram que não podia levar todas as malas. Eu tinha quatro — duas grandes e duas pequenas. Continham minha vida inteira, mas excediam o limite permitido. Fui informada de que seria necessário pagar duzentos dólares para levar todas comigo. Eu tinha vinte, que esperava que fossem suficientes para comprar comida para as 48 horas que levaria para eu ir do Cairo a Minneapolis.

O voo logo sairia, e eu precisava decidir. Deixei a mala mais pesada, que continha todos os meus livros e os diários que escrevia desde pequena. Eu os havia embrulhado com a manta da minha avó. Minhas únicas fotos de Sabreen e eu pequenas também estavam na mala. Eu a entreguei à minha irmã e pedi que a guardasse para mim.

Então chegou o momento que eu temia. Eu tinha que me despedir da minha irmã mais nova. De novo, ela não chorou. De novo, senti aquele tremor interno e profundo, igual ao meu. Abraçadas, sussurramos uma no ouvido da outra:

— É por pouco tempo. Te vejo logo.

— No máximo em um ou dois meses — eu disse, me afastando.

— Isso — ela confirmou. Eu podia sentir as lágrimas cobrindo meus olhos e pisquei para segurá-las.

— Vou estar esperando.

A sensação de subir naquele avião deveria ser de liberdade. De esperança. De um sonho se tornando realidade. Em vez disso, meu coração parecia chumbo, de tão pesado no peito. Afivelei o cinto de segurança e apoiei a testa na janela. Não queria que ninguém me visse chorar.

Depois que cheguei aos Estados Unidos, Sabreen e eu continuamos em contato pelo FaceTime. Literalmente contávamos os dias para que ela se juntasse a mim. Falei sobre a escola nova, meus amigos, a comida e Minnesota em geral. Ela sorria a cada detalhe, e conversávamos sobre todos os lugares aonde ia levá-la quando chegasse — como o shopping! Eu nunca tinha ido a um lugar assim. Com tantas lojas e todo tipo de gente!

A cada vez que falávamos, no entanto, seu entusiasmo era menor. Não tínhamos ouvido nenhuma notícia da embaixada americana, e estávamos começando a nos preocupar.

Depois de três meses, Sabreen anunciou que estava cansada de esperar. Tinha ouvido que refugiados pagavam para ser levados de barco até a Itália. E disse que ia fazer aquilo com um grupo de amigas. Achava que seria mais fácil conseguir um visto para os Estados Unidos a partir da Europa.

Eu também tinha ouvido sobre os barcos — e sobre pessoas morrendo na travessia do Mediterrâneo. Mas minha irmã estava irredutível.

— Juro que vou estar em segurança. É um barco grande. Tem até quartos e banheiros! — ela disse.

Sabreen contou que custava 2 mil dólares por pessoa, então pensei: *Nossa! Deve ser seguro mesmo.* Porque era muito dinheiro.

Minha mãe começou a economizar — ela era assistente de enfermagem, e começou a pegar turnos durante a noite para pagar a viagem. Mandou o dinheiro no mês seguinte.

E ficamos esperando notícias.

Sabreen

Sem olhar para trás

•

Iêmen —> Egito —> Itália

Esperei que o avião de Zaynab partisse — precisava vê-lo desaparecer atrás das nuvens para acreditar que era verdade. Minha irmã mais velha tinha ido embora. Tudo o que restava era sua mala enorme e pesada. Segurei as lágrimas enquanto arrastava a bagagem pelo aeroporto e de volta para o carro que havia me levado até ali. Minha irmã estava no ar, voando para uma nova vida, enquanto eu retornava à minha antiga. Mas diferente. Depois daquilo, tudo parecia vazio: a cidade, a casa, meu coração.

A primeira semana foi muito difícil. As pessoas me tratavam diferente. Quando eu estava com Zaynab, tinha alguém. Ela sempre me apoiava. Agora, eu estava sozinha.

Logo conheci um grupo de garotas do Iêmen através da minha prima Fahima e fiquei amiga delas. Todas sonhávamos em deixar o Egito. Uma delas tinha ouvido falar em um barco que levava pessoas para a Europa. Decidimos investigar.

Foi assim que descobri que precisava de 2200 dólares. Cem dólares pagariam a viagem até a cidade costeira de Alexandria. Uma vez lá, precisava de mais cem dólares para ficar em algum lugar até que fosse seguro viajar. Os 2 mil dólares restantes eram para pagar o barco até a Itália.

Quando disse a Zaynab que queria fazer aquilo, ela ficou quieta.

— Não é perigoso? — perguntou depois de um tempo.

Fiquei decepcionada — e um pouco brava. Para ela era fácil dizer aquilo! Mas era melhor do que esperar no Egito por um visto que talvez nunca viesse. Eu estava cansada de esperar. Fazia dois anos que tinha entrado com o pedido. Então implorei para que minha irmã convencesse minha mãe de que era uma boa ideia. E ela prometeu que faria aquilo.

Fiquei muito aliviada quando o dinheiro finalmente chegou.

A viagem de ônibus do Cairo até Alexandria foi longa. Sentei com minha prima Fahima e duas amigas. Combinamos de dizer que éramos irmãs para que não nos separassem. Durante o trajeto, precisei conter minha empolgação. Depois de meses fazendo planos e esperando pelo dinheiro, finalmente estávamos a caminho. Falamos sobre o transatlântico em que íamos embarcar — imaginamos que haveria três refeições por dia e vista para a água no caminho para a Itália. A pessoa a quem tínhamos pagado pela viagem prometera.

Quando chegamos em Alexandria, pagamos os cem dólares cada uma pela acomodação. Estávamos loucas por uma boa noite de sono. Imaginamos que teríamos um quarto de hotel, então ficamos chocadas quando chegamos a um armazém vazio com piso de concreto e sem móveis ou cobertores. Foi um engano, concordamos enquanto nos amontoávamos para dormir. O resto da viagem seria melhor.

Depois de uma noite fria sem pegar no sono, fomos conduzidas a outro ônibus. As janelas estavam cobertas com plástico preto, o que fazia parecer que estávamos viajando à noite, ainda que o sol brilhasse forte lá fora. Embora não conseguisse ver, sabia pelo caminho irregular e sinuoso que estávamos nos afastando da cidade. Eu não me sentia muito bem, provavelmente porque o ônibus estava cheio e abafado. Então ouvi gente falando sobre como a travessia era perigosa.

— Se formos pegos, vamos pra cadeia — alguém comentou.

Nesse momento, fiquei com medo de verdade. Sabia que o que estávamos fazendo era arriscado, mas nunca pensei que poderia ser presa. Pelo quê? Por desejar uma vida melhor? Por querer reencontrar minha irmã? Parecia absurdamente cruel, mas enquanto ouvia as pessoas falando na escuridão, comecei a me preocupar que tivesse cometido um erro. Se fôssemos pegas, eu iria pra cadeia e nunca mais veria minha irmã.

Ficamos naquele ônibus das seis da manhã às seis da tarde. Se alguém pedisse que o motorista parasse, ele ignorava. Depois de um tempo, as pessoas começaram a entrar em desespero. Precisávamos usar o banheiro! Precisávamos de água. Em determinado momento, passageiros começaram a gritar.

— Pare o ônibus!

Funcionou — o motorista pisou no freio e o ônibus parou de repente. Fiquei tão aliviada! Precisava fazer xixi, e estava desesperada por ar fresco. Em vez de abrir as portas para nos deixar sair, o motorista levantou do assento e avançou para o corredor, distribuindo socos e gritando:

— Calem a boca! Se fizerem barulho, vou acabar sendo preso!

Isso me assustou tanto que esqueci que precisava fazer xixi. Quando ele voltou ao seu lugar, gritou:

— Isso não é uma viagem de férias! Vocês são refugiados. Fiquem de boca calada!

Fechei os olhos para tentar impedir as lágrimas de escorrer pelo meu rosto. Todos os meus sonhos do que seria aquela viagem se estilhaçavam. *Podemos ser refugiados*, pensei, *mas você está nos tratando como animais selvagens*.

Todo mundo deve ter pensado algo parecido, e o ônibus ficou em silêncio pelo resto da viagem.

Uma hora ou mais passou, e eu estava morrendo de sede. Queria pelo menos molhar a boca, mas não tínhamos mais água. Eu estava sentada com uma amiga, que foi pedir a garrafa de água de outra amiga, que estava mais próxima do motorista. Assim que levantou do assento, o ônibus parou.

O motorista abriu a porta, pegou minha amiga e literalmente a jogou para fora do veículo, então gritou:

— Corre!

Então ele começou a gritar com todo mundo:

— Todos vocês! Corram!

Levantei num pulo e abri caminho até a porta, com o casaco na mão. O motorista o pegou e jogou pela porta, gritando:

— Corre, anda! Corre!

Meu coração batia tão forte que meus pés não conseguiam acompanhar. Peguei o casaco e comecei a correr tão rápido quanto podia, seguindo as pessoas correndo à minha frente. Então vi a extensão azul interminável. Estávamos no Mediterrâneo. Tínhamos conseguido.

Correndo na direção da praia, procurei pelo barco que tinha imaginado — um navio grande e refinado com beliches e banheiro. Em vez disso, vi três barquinhos de pesca alinhados na costa. Fiquei confusa. Meus pulmões queimavam de correr tão rápido. Meu peito começou a chiar. Parecia que não havia ar suficiente para respirar. Em retrospectiva, acho que estava em pânico.

Onde estava o barco? Não podiam ser aqueles bem na minha frente. Eram pequenos demais. As ondas eram maiores.

Eu queria voltar para a casa da minha tia. Não queria entrar num daqueles barcos de pesca para cruzar o Mediterrâneo. Era loucura. Conforme isso me ocorria, fiquei paralisada — literalmente não conseguia mover os pés.

Naquele momento, um homem se aproximou e perguntou:

— Por que está chorando?

— Não posso ir — eu disse. — Estou com medo.

— Não há volta — ele disse.

Mas eu não conseguia me mexer. As pessoas se apertavam nos barcos, e aquele homem literalmente me pegou e me colocou em um.

Saí do transe e gritei:

— Minhas irmãs! Não posso ir sem elas!

O homem as encontrou em meio à multidão. Quando subiram no barco comigo, me senti melhor. Pelo menos estávamos juntas.

Então o motorista do ônibus chegou, empunhando uma faca.

— Quem tiver dinheiro egípcio ou joias pode passar pra mim — ele disse.

Ficamos todos confusos. Ele começou a recolher o dinheiro.

— Me dá esse anel — o motorista disse a uma mulher.

Ela obedeceu.

Minhas amigas e eu estávamos tão aterrorizadas que começamos a recitar o Alcorão, pedindo ajuda a Alá. Aquilo assustou o motorista enquanto levava nosso dinheiro.

— Preciso alimentar minha família — ele disse. — Não recebo pela viagem. Vai tudo pra pagar o ônibus, e eu ganho muito pouco. É por isso que pego o dinheiro de vocês. É minha única chance de sobrevivência.

Alguém mencionou a faca, e ele disse:

— Não é pra machucar as pessoas. É para o caso de a polícia nos encontrar. Prefiro me matar do que ser pego.

Naquele momento eu soube que realmente não havia volta. Minhas amigas e eu já estávamos no barco com outros refugiados, da Síria, do Iraque, da Somália, do Egito. Mais pessoas chegavam conforme os ônibus paravam. Uma mulher se aproximou segurando o filho de cinco anos. Ela tinha que andar pelas pedras molhadas e escorregadias para chegar ao barco, e perdeu o equilíbrio. O menino caiu na água fria. Ele não chorou, mas quando os dois subiram conosco, notei que estava tremendo.

Eu tinha trazido um casaco a mais. Tirei-o da mala e dei a ele.

Partimos em águas agitadas, as ondas quebrando e entrando pelas laterais do barco. Fiquei amontoada com minhas amigas, sonhando com o navio com quartos, banheiros e três refeições por dia.

O homem que tinha me colocado no barco era o capitão. Ele

garantiu que íamos pegar outro maior, mas não era verdade. Estávamos no meio do mar quando encontramos outra embarcação pequena, para onde o homem nos mandou passar.

— Onde está o navio com beliches que nos prometeram? — perguntei.

— Quando chegarmos ao barco maior, todo mundo vai ter quarto próprio e banheiro compartilhado — ele disse. — E comida também.

Mas, quando finalmente passamos à terceira embarcação, no sexto dia, comprovamos que não era verdade. Podia ser maior que os barcos de pesca, mas tinha sido feito para comportar apenas cem pessoas, e éramos quatrocentas. Precisamos nos apertar ali.

Já tínhamos comido tudo o que havíamos levado e dormíamos sentados, porque não havia espaço para se esticar. Toda manhã, quando acordava do cochilo, via o céu e pensava: *Estou no céu? Ainda estou viva?*

———

Quando vi o terceiro barco, pensei: *Não vou sobreviver.* Estava exausta demais para chorar.

Pelo menos ali nos deram feijão, atum e pão. Mas o feijão não estava cozido e o pão estava embolorado. Não havia banheiro, só uma caixa onde as pessoas podiam se aliviar. Logo encheu, e toda vez que o barco balançava o conteúdo se espalhava pelo chão, onde estávamos sentados.

O capitão disse que estávamos nos aproximando da costa. Mas, a três horas da terra firme, o combustível acabou. Alguém sugeriu nadar, mas não havia coletes salva-vidas, e eu nem sabia nadar. Nunca tive tanto medo na vida.

Depois de horas esperando um milagre, alguém viu um navio à distância. As pessoas começaram a gritar e chorar.

Era um navio grande, como nos meus sonhos.

A guarda costeira italiana procurava por barcos como o nosso, porque havia refugiados demais fazendo a travessia. Foi o que a tripulação nos disse ao nos receber. Nunca fiquei tão agradecida em toda a minha vida. Não tínhamos água ou comida para mais de um dia. O navio entrou em contato com a Cruz Vermelha, que enviou outro navio para nos resgatar. No meio-tempo, os italianos nos deram água, comida e cobertores. Deixaram que usássemos o banheiro, que estava tão limpo que comecei a chorar. As lágrimas continuaram rolando até a Itália, enquanto a tripulação nos garantia que estava nos levando para um lugar seguro.

Duas horas depois, vi terra firme pela primeira vez em nove dias.

Voltei a chorar mais forte. Nunca achei que veria terra de novo. Mas lá estava ela, à distância.

Zaynab

Sonhe grande

•

Minnesota

Não tivemos notícias da minha irmã por mais de um mês. Minha mãe estava desesperada.

— E se aconteceu alguma coisa com ela? — disse.

— Vai ficar tudo bem! — garanti. Mas também estava preocupada. Via um monte de histórias sobre refugiados que tinham se afogado tentando chegar à Grécia ou à Itália. Não podia nem pensar naquilo...

Finalmente, uma noite, entrei no Facebook e vi uma mensagem de Sabreen.

Cheguei à Itália. Estou bem.

Gritei para minha mãe vir ver. Sabreen estava viva! Tinha conseguido.

Ela escreveu de novo no dia seguinte para dizer que era difícil acessar a internet de onde estava e que ligaria assim que possível.

Muitos meses passaram, em que eu ficava checando o Facebook o dia inteiro, esperando uma mensagem de Sabreen.

A cada dia sem notícias dela a preocupação me consumia.

Tinha lido coisas horríveis na internet sobre refugiadas que eram deportadas. Para onde minha irmã iria se fosse o caso? Voltaria ao Iêmen? Não havia nada para ela lá.

Eu também tinha lido sobre tráfico sexual — que logo se tornou meu maior medo. Uma matéria falava sobre uma refugiada síria que foi levada à Europa e obrigada a se prostituir em um bordel. Quando comentei com a minha mãe, seu rosto ficou pálido. Ela ligava para a embaixada dos Estados Unidos na Itália quase todos os dias, tentando fazer o possível para trazer Sabreen a Minnesota. Mas nada acontecia. Nos sentíamos totalmente impotentes.

O momento era péssimo. A eleição presidencial de 2016 tinha criado uma intensa animosidade contra os muçulmanos nos Estados Unidos. Sofri isso na pele quando passeava sozinha pelo shopping. Eu estava subindo pela escada rolante quando vi um homem branco se aproximar do topo. Eu estava de *hijab*, que uso sempre, então o homem me encarou e começou a gritar:

— Jihad! Jihad!

Entrei em pânico, pensando que ele tinha uma bomba, então dei as costas e comecei a descer a escada rolante. Ele queria que as pessoas pensassem que eu era perigosa só porque era muçulmana. E eu fiquei morrendo de medo do que poderia fazer comigo.

ZAYNAB

Meu coração batia acelerado enquanto eu procurava um lugar para me esconder. Finalmente encontrei o banheiro e me tranquei numa cabine. Sentei no chão, com as costas apoiadas na porta fechada, e comecei a chorar.

Nunca mais fui sozinha àquele shopping.

Se eu estava com medo em Minnesota, como deveria ser para minha irmã?

Finalmente recebemos uma mensagem de Sabreen alguns meses depois, dizendo que ela tinha sido enviada para um campo de refugiados na Holanda. Tinha wi-fi lá, o que significava que poderíamos falar por telefone. Foi maravilhoso ouvir a voz dela! Sabreen estava mesmo bem! Assim como suas amigas, que tinham sido enviadas para a Holanda junto com ela. Minha irmã me apresentou cada uma delas. Parecia feliz — muito mais feliz do que no Egito. E esperançosa.

Eu não sabia quão angustiante tinha sido sua viagem. Não entramos em detalhes. Em vez disso, olhamos para o futuro e pensamos em maneiras de nos reencontrar. Continuamos em contato pelo Facebook. Mandamos fotos uma à outra. Então, um dia, ela ligou para dizer que tinha conhecido um cara do Iêmen no campo na Holanda.

— Ele é legal — minha irmã disse. — Gosto dele.

Desde que esteja feliz, eu também estou, pensei.

Fiquei chocada quando Sabreen ligou alguns meses depois e disse:

— Quero casar com ele.

Senti um buraco no estômago.

— Mas você só tem dezoito — disse. — Nem terminou a escola.

— Ele vai me deixar estudar — ela disse. — Não se preocupe!

Sabreen prometeu que ia se formar. Então disse:

— Só quero ter alguém.

Aquilo me matou.

Minha irmã deveria estar comigo e com minha mãe. Deveria estar na escola. Deveria aprender coisas. Não deveria estar sozinha em um país estrangeiro sem sua família. Mas quem era eu para julgar? Meu caminho tinha sido diferente.

Em setembro, entrei no último ano.

Eu aprendia tão rápido que a escola me adiantou duas turmas. Em maio, no fim do nono ano, eu tinha descoberto o conselho estudantil. Adorei o conceito. Era totalmente novo para mim. Nos reuníamos em uma sala de aula e falávamos sobre questões que considerávamos importantes.

Uma garota disse:

— Precisamos de mais opções na lanchonete. Tem tanta gente de culturas diferentes. Deveríamos dar mais atenção a isso.

Outra pessoa disse:

— Acho que é importante ter mais professores que não sejam brancos, para podermos nos ver neles.

Encorajada pelos comentários, decidi fazer uma sugestão também. Queria saber por que não havia esportes ou outras atividades para os alunos. Não tínhamos a opção de treinar basquete, futebol ou o que fosse.

Eu amava esportes. Antes da revolução no Iêmen, me vestia de menino para poder jogar futebol. As meninas não tinham permissão para isso, então eu usava calça, camisetas largas e escondia o cabelo com um boné. Pra mim, futebol era a pura felicidade. Por isso, quando fui para os Estados Unidos, fiquei triste porque não havia futebol na escola. Fiz esse comentário em maio, e em setembro fiquei feliz ao descobrir que o prédio da turma do último ano tinha quadra. Um dos coordenadores do ensino médio me disse, então:

— Se você gosta de futebol, monte um time feminino!

Recrutei tantas garotas quanto consegui. Muitas disseram:

— Mas nunca jogamos!

Algumas que tinham vindo da África nunca haviam chutado uma bola.

— Tudo bem! Posso ensinar — garanti.

Comecei a treiná-las. Os uniformes foram um problema de imediato. Muitas garotas eram muçulmanas e não podiam mostrar o corpo. Então jogaram de vestido até que conseguíssemos calças para usar por baixo dos shorts. Todas cobríamos o cabelo, e nos tornamos o primeiro time de refugiadas em Minnesota.

No primeiro jogo, o árbitro perguntou:

— Quem é a capitã?

Não tínhamos uma, então o time disse:

— Zaynab, tem que ser você!

Assumi a braçadeira, e perdemos todos os jogos, de lavada. De doze a zero ou algo do tipo.

Mas não nos importávamos! Ficávamos tão felizes de jogar! E de aprender todas as regras. No último jogo, perdemos de cinco a zero. Ficamos tão orgulhosas! Jogamos com tanta vontade! Fiquei no gol, porque nossa goleira acabou desistindo. Ninguém queria a posição, porque tinha medo de levar uma bola no rosto ou se machucar. Naquele jogo, peguei umas quarenta bolas.

A técnica da equipe da Copa do Mundo dos Sem-Teto me viu jogando e disse:

— Você tem que vir pro meu time!

Topei, e me esforcei tanto que me deram um prêmio e pude disputar um torneio na Europa.

Àquela altura, minha irmã tinha mudado para a Bélgica. Se fosse para a Europa, poderia finalmente vê-la.

Eu tinha visto e todos os documentos exigidos, mas o presidente Trump proibiu os muçulmanos de viajar. E eu ainda não era cidadã americana.

— Não posso ir — tive que dizer.

Em julho, fui convidada para assistir ao documentário *Malala*. Fui com uma dúzia de amigas da escola, todas refugiadas. Depois do filme, fomos almoçar e fiquei chocada ao ver Malala se juntar a nós. Era como se estivéssemos conhecendo uma estrela de cinema! Quando ela sentou conosco e começou a fazer perguntas, me dei conta: *Ela é igual à gente*. Embora nossas histórias fossem diferentes, senti que era muito solidária.

Durante o almoço, Malala perguntou a cada uma na mesa:

— O que você quer mudar?

Àquela altura, muitos dos meus sonhos tinham se tornado realidade — eu havia sobrevivido ao perigo na minha terra natal. Tinha ido para os Estados Unidos. Havia me formado na escola e pretendia fazer faculdade. Queria que minha irmã fizesse o mesmo, idealmente comigo, nos Estados Unidos. Naquele momento, me dei conta de que eu já havia mudado muito. E Sabreen também — de maneiras que eu não sabia se compreenderia totalmente.

Minha irmã acabara se casando com alguém que conhecera no campo de refugiados. Eles tinham se mudado para a Bélgica e moravam em um apartamento. Hoje, o marido trabalha em uma loja e ela estuda holandês. Diz que está feliz, e quero acreditar nela. O primeiro filho deles nasceu em novembro de 2018.

Sabreen ainda não tem documentos europeus, o que significa que seu filho também é um refugiado. O que o futuro reserva para minha irmã e sua família? Para mim? Para meu país? Para meu povo?

Eu queria uma vida melhor com toda a nossa família no Iêmen. Queria minha avó de volta. Sei que são sonhos impossíveis, mas posso realizar outros se acreditar em mim mesma e em meus objetivos. Quero terminar os estudos para poder voltar ao meu lindo lar e levar a justiça comigo. Quero reconstruí-lo. Acredito que toda história pode ter um final feliz, e vou criar esse final feliz para essa parte da minha história.

Eu sonho grande. Quero que minha irmã e todo mundo que passa por um período tão difícil sonhe grande também.

Muzoon

Vi esperança

•

Síria —> Jordânia

No campo de refugiados de Zaatari, um dos guias da Unicef me falou sobre uma jovem que queria que eu conhecesse. Ela se chamava Muzoon, e o guia disse que era uma grande defensora da educação dos refugiados no campo. Eu tinha um monte de perguntas para ela.

Conheci Muzoon na tenda que compartilhava com os pais, três irmãos mais novos e dois outros membros da família. Estava lotada, mas todos pareciam muito felizes em conhecer meu pai e eu, aliviados em saber que outras pessoas se preocupavam com o que acontecia com eles.

Muzoon quase não falava inglês, mas não importava. A faísca em seus olhos e a esperança em seu rosto ultrapassavam qualquer barreira linguística. Senti que éramos iguais.

Depois do nosso encontro, fiquei pensando nela. Perdi contato por um tempo, e quando a vi de novo, sua família tinha mudado para um campo perto de Azraq. Quando falei com ela, estávamos em uma sala cheia de garotas. Uma das mais novas me disse:

— Malala, você está fazendo um ótimo trabalho, mas quem mudou minha vida foi Muzoon.

Sorri para ela e a encorajei a prosseguir.

— *Eu ia ter um casamento arranjado, mas ela me convenceu a estudar. Me ajudou a ir atrás dos meus sonhos.*

Tinham começado a chamá-la de "Malala da Síria", mas eu sabia que na verdade ela era a Muzoon da Síria.

Malala

Uma assistente social me disse que havia uma garota que queria me conhecer. Uma garota que lutava pelo direito à educação. Uma garota que tinha sofrido por causa dessa luta, mas sobrevivera.

Quando descobri que a garota era Malala, fiquei em êxtase. Tinha ouvido falar dela na Síria. Sabia que era muito forte e que usava sua experiência para mudar as coisas para meninas de todo o mundo.

Sabia que ela tinha dois irmãos mais novos e que seu pai era professor. Tínhamos muito em comum, e aspirações similares. Eu adorava a escola, e adorava sonhar com meu futuro.

Mas quando a guerra começou, em 2011, tudo mudou. Nenhum lugar era seguro e já não havia paz. O conflito era pesado — havia bombardeios todos os dias, tiros sendo trocados na rua. As escolas foram forçadas a fechar. Vivemos sob cerco por dois anos antes de meu pai finalmente tomar a difícil decisão de fugir de nosso amado país.

— Até a vida em um campo de refugiados deve ser melhor do que isso — ele disse.

Eu não sabia nada sobre os campos, mas não tínhamos opções. Eu não queria deixar meu país. Era o único lar que eu conhecia. Mas, mesmo aos treze anos, entendia que, se não fosse embora, poderia ser o fim da minha história.

Assim como muitos outros fugindo para salvar a própria vida, dirigimos até a fronteira e a atravessamos andando à noite. Incertos quanto ao que o futuro nos reservava, passamos para a Jordânia. Quando finalmente chegamos ao campo de Zaatari, ficamos muito agradecidos por ter abrigo. Uma tenda de 13 metros quadrados se tornou lar improvisado para mim, meus pais, meus irmãos e outros parentes. Éramos em oito em um espaço tão pequeno, mas pelo menos éramos todos da mesma família. Não era o caso em todo o campo — desconhecidos com frequência eram colocados juntos.

Não tínhamos móveis, apenas alguns tapetinhos sobre os quais dormíamos. Não havia eletricidade e era uma longa caminhada para pegar água, que além de beber usávamos para cozinhar e tomar banho. Mas esses desafios não me preocupavam tanto quanto a questão da escola — eu deveria entrar no nono ano. Se não estudasse, poderia perder a chance de fazer faculdade. Poderia perder a chance de ter um futuro.

Foi um alívio descobrir que o campo tinha uma escola. Fiquei ansiosa para começar as aulas e conhecer os outros alunos. Aquilo significava que eu teria aonde ir todo os dias, e que mesmo naquele lugar onde tudo parecia incerto eu poderia focar em ir atrás dos meus sonhos, que envolviam estudar e viajar pelo mundo. No primeiro dia, fiquei chocada ao ver tão poucos alunos na classe. Não fazia sentido.

Um dia, fui até o centro de recreação, onde as pessoas podiam ir jogar alguma coisa ou pegar livros emprestados na limitada biblioteca. Lá, vi um grupinho de meninas da minha idade. Fui até elas e perguntei:

— Por que não vão à escola?

Elas riram! Uma disse:

— Para que iríamos?

Elas começaram a falar que seus pais acreditavam que a melhor opção para uma jovem era casar, pois o casamento garantiria o melhor futuro possível para as filhas.

Eu sabia que não era verdade. Sabia que casar cedo demais prendia meninas em um círculo vicioso de pobreza e privação.

Tinha que fazer alguma coisa a respeito.

Comecei a ir de tenda em tenda falar com as pessoas.

Outro grande obstáculo era que muita gente achava que não ia ficar no campo por muito tempo. Que era algo temporário. Então preferia esperar até voltar à Síria para prosseguir com os estudos. Eu entendia aquilo — não importava quão acostumada àquela nova vida estivesse, me sentia desconfortável toda manhã quando acordava. Mas sabia que o único caminho era seguir em frente. Não podia ficar parada e fingir que nada estava acontecendo. E não estava preparada para ficar sentada assistindo outras garotas fazerem o mesmo.

— Ninguém sabe quando vamos voltar para a Síria — eu disse repetidas vezes. — Podemos passar anos neste campo.

A verdade é que muitas meninas continuam ali, presas no limbo. Como a guerra só piorou, muitas perderam a esperança.

Uma das garotas que conheci não me saía da cabeça. Ela disse que a família queria que casasse com um homem da idade do pai dela, que tinha mais de quarenta anos. Ela tinha dezessete. Perguntei o que achava do acordo. A garota deu de ombros e disse:

— Que outra opção tenho?

Ouvi certa abertura em sua pergunta, então disse:

— Se sua família te ama de verdade, não vai te deixar casar com esse homem. Diga a seu pai: "Se quer mesmo me proteger, me deixe estudar".

Quando a vi alguns dias depois, ela correu até mim e disse:

— Não vou mais casar! Vou pra escola!

Fiquei tão feliz que peguei suas duas mãos e disse:

— Nós duas podemos ser o efeito dominó. Se formos à escola, outras também irão.

Ela apertou minhas mãos e sorriu. Em seu sorriso, vi esperança.

Najla

Milhares de pessoas como a gente

•

Sinjar, Iraque —> Dohuk, Iraque

A comunidade yazidi é pequena, com menos de 1 milhão de pessoas, a maior parte concentrada no norte do Iraque e em regiões da Turquia e da Síria. Porém, seu grito de ajuda foi ouvido no mundo inteiro. Ouvi falar de meninas yazidis nos jornais e encontrei algumas que haviam sido liberadas pelo Estado Islâmico em Dohuk, no Iraque. A maior parte delas nem falava, de tão traumatizadas. Ninguém sabe se um dia vão se recuperar dos horrores por que passaram. Mas Najla parecia cheia de esperança.

Najla tinha encontrado uma saída, e depois fiquei sabendo que isso não era incomum para ela. Quando fez catorze anos, a família lhe disse que não podia mais ir à escola, porque queriam que fosse dona de casa, como muitas outras meninas yazidis. Ela se recusou, fugiu para as montanhas Sinjar e ficou lá por cinco dias para provar que estava falando sério. Quando voltou para casa, o pai estava tão bravo que não falou com ela por um ano. Mas deixou que voltasse à escola.

Essa foi uma das primeiras histórias que Najla me contou quando a conheci, então eu soube na hora que ela não era só teimosa, no *melhor sentido da palavra, mas também resiliente. Com o cabelo descolorido pintado de turquesa nas pontas, ela se destacava. Naquele dia, me perguntou sobre esperança e o que fazer quando ela é perdida. Najla viu e suportou muita coisa quando era mais nova. Sei que ela sempre vai reencontrar a esperança. Por isso, ela foi uma das duas garotas que conheci durante minha turnê de 2017 que convidei para se juntar a mim na Assembleia Geral das Nações Unidas daquele ano. (Marie Claire, que será apresentada depois, foi a outra.) "Não quero que nenhuma outra garota passe pelo que passei", Najla disse ao salão cheio de líderes mundiais. "Nem todas conseguirão lutar tanto quanto lutei."*

Malala

Desde pequena, antes que os terroristas chegassem, sempre senti que tinha alguma coisa faltando.

Nasci em uma família extensa de Sinjar, que fica perto de Mosul, uma cidade grande e bastante diversa no norte do Iraque. Tenho oito irmãos, cinco deles mais novos, e quatro irmãs, todas mais velhas. Somos yazidis, uma pequena minoria religiosa que não é nem muçulmana nem cristã.

Quando tinha oito anos, vi que muitos vizinhos estudavam e eu não. Então perguntei aos meus pais:

— Por que não vou à escola como eles?

Eles não tinham nenhum interesse em educar as filhas, mas meu irmão mais novo me ajudou e persuadiu meu pai a deixar que eu e uma irmã fôssemos à escola.

No primeiro ano, foi como se meus olhos se abrissem de repente. A escola era minha janela para o mundo. Quando terminei o ensino fundamental, meu pai disse que eu não poderia continuar.

— Já é o suficiente — ele falou.

Mas não era o suficiente para mim.

Meu pai queria que eu fosse dona de casa, como outras garotas yazidis da minha idade. Não só ele, mas toda a comunidade yazidi. Eles decidiram aquilo juntos.

Eu tinha catorze anos, e sabia que era inteligente. Queria continuar frequentando a escola, então fugi. Foi a única saída em que consegui pensar. Passei cinco dias em um monastério nas montanhas Sinjar. Mas sabia que não podia ficar lá para sempre. Quando voltei para casa, meu pai estava furioso. Minha mãe fez cara feia, mas sei que estava secretamente orgulhosa de mim. Minhas irmãs também. Ficaram muito satisfeitas que eu lutasse por algo que queria tanto.

Não foi fácil viver em casa sem que meu pai falasse comigo, mas pensei: *Tudo bem. Temos tempo*. Com a ajuda de meu irmão Ismat, que é mais velho que eu, meu pai deixou que eu voltasse a estudar.

Terminei o primeiro ano do ensino médio. Em 2012, o marido da minha irmã, que era do Exército, foi morto. Pouco depois, uma vizinha que era minha amiga colocou fogo intencionalmente no próprio corpo. Um dos irmãos dela descobrira que ela estava namorando e contara ao pai. A menina ficara com tanto medo que achou que era melhor morrer.

Quando a vi correr para fora de casa, envolta em chamas,

algo dentro de mim se partiu. Não conseguia mais me concentrar nos estudos. Estava profundamente infeliz.

Voltei à escola em 2013 e comecei a sentir que estava me recompondo. Estava determinada a conseguir meu diploma e entrar na faculdade.

Mas, em agosto de 2014, o Estado Islâmico destruiu meus sonhos.

Tínhamos ouvido histórias sobre o Daesh — nome pelo qual o conhecíamos — sequestrando mulheres e fazendo coisas horríveis com elas. Não importava a idade. Podiam ser crianças ou idosas. A comunidade yazidi era um alvo. Eles iam até os vilarejos e destruíam tudo o que viam. Sequestravam as meninas e mulheres e matavam os homens. Matavam crianças também. Enterravam pessoas vivas. Era um genocídio.

Ouvimos dizer que tinham tomado Mosul, que ficava a menos de duas horas de viagem. Ainda não acreditávamos que chegariam a nós. Mas, uma noite, estávamos assistindo ao jornal na TV e vimos tudo ficar escuro. O vilarejo estava sem energia, o que era um mau sinal.

As pessoas tinham começado a fugir do vilarejo, preocupadas que o Estado Islâmico pudesse chegar. Tínhamos medo de que estivessem certas. Havíamos tentado ir para Dohuk, mas o Estado Islâmico controlava as ruas. Era perigoso demais. Estávamos presos.

Naquela noite, dormimos no telhado. Dois irmãos meus ficaram acordados porque estavam preocupados. Quando viram luzes à distância, nos acordaram. Uma fileira de carros e tanques vinha em nossa direção. Dava para ver os faróis atravessando a escuridão e ouvir o barulho dos motores.

Corremos descalços para o carro, que estava carregado para a fuga. Enquanto tentávamos nos apertar em dezoito no veículo, ouvíamos as explosões, os tiros e o conflito se aproximando.

Dirigimos até as montanhas Sinjar, as mesmas para as quais eu havia fugido alguns anos antes, com os faróis desligados. Meu pai tinha dificuldade de enxergar qualquer coisa, então eu lhe dizia para onde ir, sentada no colo da minha irmã no banco de trás. A irmã que estava ao meu lado mal conseguia respirar, muito menos falar, de tão assustada.

Passamos oito dias nas montanhas. Não fomos os únicos a deixar o vilarejo. Havia milhares de pessoas como a gente, em fuga. Algumas contavam que haviam escapado fingindo estar mortas, deitando entre os corpos de familiares e outras pessoas que amavam. Tínhamos sorte de estar vivos e juntos. E nunca voltamos para casa.

Fomos para Dohuk, uma cidade na região do Curdistão, porque Ismat trabalhava em um hotel lá. Não podíamos pagar para nos hospedar por muito tempo, então encontramos abrigo em uma construção que não tinha sido terminada — não havia janelas ou paredes internas, só uma fachada de concreto com espaços mal-acabados onde montamos um lar temporário. Ficamos ali com mais de cem famílias por seis ou sete meses. Eu estava feliz que minha família tinha sobrevivido ao que depois descobrimos ter sido um dos piores massacres de yazidis. Encontramos gente que tinha perdido toda a família menos um ou dois parentes. Ouvimos mais histórias sobre membros do Estado Islâmico sequestrando mulheres e meninas de cinco anos de idade. Quanto mais ouvia, mais sentia que tinha sorte — por estar com minha família, por não ter sido ferida, por estar viva.

Logo, tive a sorte de conhecer Malala.

Eu já tinha ouvido falar dela e não conseguia acreditar que ia encontrá-la. Contei sobre minha vida e sobre como estava ensinando algumas das crianças mais novas na construção a ler e a escrever, porque queria que tivessem esperança. Malala me perguntou qual era meu sonho, e eu disse que era fazer faculdade. Mas admiti que não sabia se ia conseguir, e pedi conselhos.

— Sou corajosa e confiante — eu disse. — Mas o que faço se perder a esperança um dia? De onde vou tirar forças de novo?

Ela abriu um sorriso tímido e disse:

— Se perder a esperança, pode olhar para si mesma e para o que já conquistou. Você já é forte.

María

Ninguém pode tirar
o que está dentro de nós

•

Iscuandé, Colômbia —> Cali, Colômbia

No verão de 2017, fui para o México e conheci muitas garotas latino-americanas que tinham migrado por causa da violência do crime organizado. Naquela viagem, aprendi uma palavra nova: luchadora. *Enquanto no ringue as mulheres lutam pela glória, aquelas meninas que conheci lutam por educação e uma vida melhor.*

María é uma delas. Ela está entre os 7,2 milhões de pessoas que foram obrigadas a migrar por causa do conflito armado que se desenrola na Colômbia há mais de quarenta anos.

Sempre que María se sentia oprimida, criava alguma coisa. Quando tinha dezesseis anos, fez um documentário sobre como é estar longe de casa, porque, segundo me disse, queria que as pessoas vissem como os deslocados internos viviam, como "se esforçavam para seguir em frente".

No dia em que a conheci, ela dançou para mim antes de nos despedirmos. Foi breve, mas todas batemos palmas. Quando María sorriu, vi não só a alegria, mas também a determinação e a força que a faziam seguir em frente.

Malala

Gostaria de me lembrar do meu pai. Tenho dificuldade para vê-lo mesmo quando fecho os olhos. Minhas recordações dele são nebulosas, como fumaça.

Cresci perto da costa da Colômbia, numa região rural. Meu pai era fazendeiro. Se queríamos frutas, bastava ir até o quintal colher uma manga, uma laranja ou um *chontaduro*, nativo da Colômbia. Tínhamos galinhas e porcos, e uma horta de que minha mãe cuidava. Podíamos correr e brincar pelo terreno. É isso que vem à minha mente quando penso em "casa".

Fomos embora quando eu tinha quatro anos, antes de muitas dessas lembranças terem a chance de se enraizar. Tais imagens são baseadas nas descrições dos meus irmãos mais velhos e da minha mãe sobre o que perdemos. Acho que me lembro, mas talvez só recorde o que me contaram.

Posso dizer o mesmo do meu pai. Minha mãe diz que pareço com ele. Temos o mesmo rosto redondo com bochechas cheias, ela insiste.

Não lembro muito bem do rosto dele, mas lembro do dia em que deixamos a fazenda.

Minha irmã mais velha tinha dezoito anos.

— Por que temos que partir? — ela perguntou.

— Precisamos procurar trabalho — minha mãe respondeu.

Já era tarde, e eu não sabia onde meu pai estava. Minha mãe parecia apressada. Minha irmã perguntou:

— E o papai? Cadê ele?

— Seu pai precisa ficar. Vai nos encontrar depois.

Naquela mesma noite, minha mãe, eu e meus quatro irmãos pegamos um barquinho para atravessar o rio. Íamos depressa, e isso me assustava. Na época, não sabia que estávamos fugindo.

Quando finalmente chegamos a Cali, a segunda maior cidade da Colômbia, minha mãe me deu um ursinho de pelúcia branco e disse:

— É do seu pai.

Seu rosto parecia pedra.

O que ela não estava me contando era que meu pai tinha sido violentamente assassinado um dia antes, e estávamos fugindo porque minha mãe tinha medo de que seríamos os próximos. Ela manteve aquilo em segredo por anos.

Não tínhamos para onde ir em Cali. Acabamos num enorme acampamento improvisado, uma cidade de tendas feitas de plástico e qualquer lixo que pudesse ser utilizado como abrigo. Era um dos muitos assentamentos informais que haviam surgido por conta da violência que se espalhava pelo país.

Eu odiava viver daquele jeito. Até as coisas mais simples do dia a dia, como escovar os dentes ou lavar as roupas, ficavam difíceis — havia apenas duas torneiras para oitocentas pessoas. Minha mãe tinha que esperar numa longa fila para conseguir água ou comida.

Eu perguntava:

— Por que precisamos esperar? Cadê as mangueiras?

Não entendia por que não podíamos voltar para casa. Não entendia que não tínhamos mais casa.

Minha mãe explicou que as coisas eram diferentes agora. Tínhamos que comprar nossa comida, então ela ia de tenda em tenda se oferecer para lavar roupa em troca de dinheiro.

Mesmo aos quatro ou cinco anos, eu sentia a pressão constante da pobreza e a criminalidade que se aproveitava dela, já que gangues controlavam o acampamento. Tiros eram normais, assim como a preocupação com balas perdidas. Para piorar, temos a pele mais escura que outros colombianos e falamos com sotaque do campo. Minha família e eu nos destacávamos, e as pessoas eram horríveis conosco. Éramos tratados pior que animais.

Aprendi o que significava ser obrigada a migrar ainda pequena, embora não conhecesse o termo oficial. Foi só depois que deixamos aquele lugar, quando estava com sete anos, que minha mãe finalmente tocou no assunto.

— Somos deslocados internos — ela disse. A expressão podia ser nova, mas a sensação não era.

Minha mãe aprendera o termo correto por meio de uma organização comunitária para famílias como a nossa. Eles nos ajudaram a nos realocar — fomos para uma casa, que, embora melhor que uma tenda, estava tão detonada que sempre que chovia entrava água.

Não reclamamos.

Através da organização, minha mãe entrou para um grupo de apoio em que todos compartilhavam suas histórias. Ela inscreveu meus irmãos e eu em um grupo de teatro infantil que se reunia semanalmente.

Escrevemos uma peça baseada em nossas histórias. As crianças do grupo tinham chegado de diversas partes da Colômbia, e cada uma contava sua jornada. Embora tivéssemos origens diferentes, nossas narrativas eram similares: todos fomos obrigados partir porque corríamos o risco de morrer se ficássemos. Então cada um contou uma parte de sua trajetória de maneira a compor a história completa daqueles que estavam longe de casa, ainda que na Colômbia. O título era: *Ninguém pode tirar o que está dentro de nós.*

MARÍA

Depois daquela primeira casa com goteiras, passei por outras oito. Mas nunca me senti "em casa" em nenhum outro lugar além daquele que mantive vivo na minha memória, de quando eu era pequena, antes que meu mundo inteiro mudasse. Embora o governo tenha declarado que a guerra acabou, o lugar que eu chamava de lar ainda é considerado território da guerrilha. Permanece inseguro. Além disso, faz tanto tempo que fugimos que não somos forasteiros apenas em Cali, mas lá também.

Então, quando sonho com minha casa, sonho em pegar manga direto do pé. Sonho com tranquilidade e grama. Sonho com paz. E ninguém pode tirar isso de mim.

Foto de infância de Sabreen (à esquerda) e Zaynab.

Zaynab visitando a Estátua da Liberdade em uma viagem a Nova York.

Quando Malala (à esquerda) foi receber o prêmio Nobel da paz, em 2015, levou alguns amigos com ela, incluindo Muzoon.

María dançando ao conhecer Malala.

Jennifer (ao centro), Naidina (à esquerda) e Marie Claire.

Marie Claire (à direita), com suas duas famílias.

Marie Claire com o pai orgulhoso, que ela considera seu maior exemplo.

Marie Claire e Najla em Nova York para falar na Assembleia Geral da ONU.

Ajida no campo de Bangladesh, contando sobre os fornos de argila que constrói para outras famílias.

Ajida e o filho em sua casa improvisada.

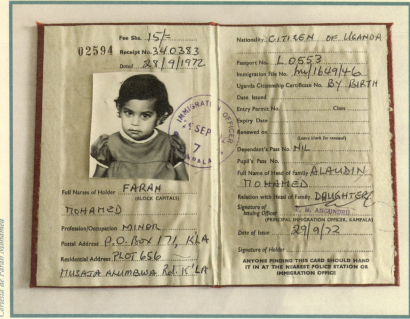

Documento de identidade que Farah levou consigo na viagem de volta a Uganda.

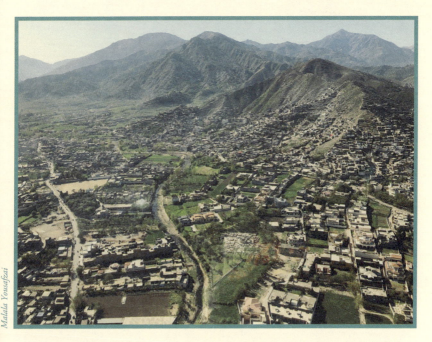

Malala tirou esta foto do vale do Swat do helicóptero quando voltava ao Paquistão. "Para mim, o lugar mais bonito do mundo", ela tuitou.

Malala e sua família na casa de Mingora pela primeira vez desde 9 de outubro de 2012.

No quarto de infância de Malala (com seus troféus escolares seguros no armário).

Analisa

Sorte

•

Guatemala —> México —> Texas —> Massachusetts

Embora mulheres e crianças do mundo todo fujam da guerra e do terrorismo, há algumas regiões onde a violência e a opressão residem na própria comunidade ou no próprio lar. Analisa se viu nessa situação e arriscou tudo para ir atrás de uma vida melhor — e mais segura.

Como muitos antes dela, Analisa descobriu que sair da Guatemala era só o começo. A viagem é tão perigosa que nem todos sobrevivem. No entanto, o número de pessoas que deixa a América Central — vindas principalmente da Guatemala, de El Salvador e de Honduras — continua crescendo depressa. De acordo com o Alto Comissariado das Nações Unidas para Refugiados (ACNUR), quase 300 mil pessoas da região pediram asilo em 2017. Analisa tomou a decisão que muitos outros já tomaram e continuarão tomando. E sabia que não haveria volta.

Malala

Estava escuro.

Nos aproximávamos do último esconderijo da viagem quando alguém disse que a Imigração tinha passado ali na noite anterior. Senti um aperto no peito.

— Se eles voltarem, corram o mais rápido que puderem e se escondam — o guia sibilou. Ele tinha gritado com a gente durante todo o trajeto. "Rápido!", "Silêncio!", "Parados!". Nos tratava como animais.

Então começaram os rumores. Quem era pego pela Imigração ia preso e depois era deportado de volta para seu país de origem. Quem escapava, normalmente acabava se perdendo e nunca chegava aos Estados Unidos.

Entrei em pânico, porque tampouco fazia ideia de como voltar para a Guatemala. Comecei a pensar que aquilo tinha sido um erro.

———

Até os quatro anos de idade, eu morava com a minha mãe em uma casa de cômodo único e sem eletricidade em Mazatenango, uma cidadezinha da Guatemala. Ela trabalhava o dia inteiro, vendendo flores no mercado, depois ficava na rua até tarde. Quase nunca estava em casa. Minha irmã mais velha cuidava de mim, e a segunda mais velha me levava com ela para a escola para que eu não ficasse sozinha. Nunca havia comida em casa. Lembro de sentir fome o tempo todo.

Então minha mãe morreu. Ela e meu pai nunca tinham morado juntos, mas ele foi no enterro e me levou para ficar com ele e com a esposa. Meu pai achava que minha irmã era nova demais para tomar conta de mim, e tinha medo de que o pai dos meus irmãos me tratasse mal porque eu não era filha dele.

Quando fiz cinco anos, meu pai fez um bolo para mim. Eu nunca havia tido um bolo de aniversário.

Meu pai era amoroso e brincalhão, mas também severo — queria que eu fosse direto da escola para o mercado, onde ele tinha uma oficina de costura, para fazer a lição de casa. Insistia que eu caprichasse na caligrafia. Quando conferia minha lição, se os números não estivessem retinhos, provocava:

— Este aqui pegou no sono!

Meu pai começou a me levar na igreja adventista, e fui batizada. Ele me ensinou a respeitar os outros, a temer Deus e a "me manter no caminho certo". Isso significava que ele queria que eu utilizasse todo o meu potencial. Diferente da minha mãe, ele nunca me deixava em casa sozinha. Ele tinha uma moto, e me levava junto para toda parte. Mas andar de moto me deixava com sono, e meu pai tinha medo de que eu escorregasse da garupa, então comprou uma cinta amarela, com a qual prendia minha cintura à dele.

Meu pai era meu porto seguro.

Eu tinha acabado de completar quinze anos quando meu pai caiu de costas na escada.

Meu meio-irmão Oscar estava nos visitando. Eu mal o conhecia, mas não gostava muito dele. Meu pai não quis ser levado ao hospital, insistindo que estava bem, mas quando começou a falar e a agir de um jeito esquisito, Oscar o levou.

Meu pai nunca voltou para casa.

Depois que morreu, minha madrasta se fechou num luto profundo, e Oscar se mudou para nossa casa. Ele assumiu a oficina e minha vida. Era horrível — ele não queria que eu saísse de casa nem para trabalhar. Eu planejava terminar a escola, fazer faculdade e virar médica, e para isso estava economizando o que ganhava na oficina do meu pai. Todo domingo, depois de ter trabalhado uma semana inteira, meu pai me dava dez quetzals. Ele me dizia para comprar o que quisesse, mas eu escondia o dinheiro debaixo da cama. Queria economizar para quando precisasse.

Um dia, Oscar descobriu o dinheiro.

— Onde conseguiu isso? — ele gritou.

Eu disse que estava economizando fazia meses, mas ele me acusou de roubar da oficina.

Depois que pegou meu dinheiro, me dei conta de que estava encurralada. Aquele homem que eu não conhecia não ia cuidar de mim. Minha madrasta, que sempre fora frágil, tinha adoecido. Acho que de tristeza.

Fiquei pensando no que fazer. Sabia que não podia morar na mesma casa que Oscar, mas não tinha aonde ir.

Foi então que meu meio-irmão Ernesto ligou dos Estados Unidos. Ele era filho da minha mãe biológica, mas eu não lembrava dele. Havia deixado a Guatemala aos quinze, a mesma idade que eu tinha naquele momento. Minha mãe tampouco cuidara bem dele quando estava viva, por isso Ernesto decidira seguir seu próprio caminho. Ele ficara sabendo da morte do meu pai pela minha irmã mais velha, que não tinha onde morar ou dinheiro para cuidar de mim.

Então Ernesto disse:

— Quer vir morar comigo?

Desliguei o telefone confusa. Sabia que não podia ficar com Oscar e que minha madrasta não estava bem o bastante para cuidar de mim. Por outro lado, mal conhecia Ernesto. Ele era meu meio-irmão, mas Oscar também. Aquilo não significava nada para mim. Pedi ajuda a Deus.

— Por favor, me mande um sinal — eu disse.

Fazia muito tempo que não chovia, então rezei: *Se chover no sábado, vou assumir que posso ir e contar com sua proteção. Se não chover, saberei que não vale a pena me arriscar.*

Pela primeira vez em semanas, choveu naquele sábado.

Quando Ernesto voltou a ligar, eu disse que estava pronta.

Minha madrasta estava ouvindo. Quando desliguei o telefone, ela começou a chorar. Prometi que ficaria tudo bem. Falei sobre a chuva. Falei que tinha fé.

Contei a meus amigos que não ia terminar a escola porque estava indo embora. Eles brincaram que eu nem ia lembrar deles quando chegasse aos Estados Unidos. Quando contei aos professores, eles riram. Ninguém acreditava que eu ia mesmo. Aquilo me deixou triste.

Parei de ir à escola na terça-feira e passei dois dias trabalhando na oficina. Na quinta, comprei sapatos novos, que esperava que durassem a viagem inteira. Na sexta, todos os meus amigos foram em casa. Finalmente parecia verdade. Enquanto abraçava cada um deles e me despedia, lutei contra as lágrimas. Eles sabiam que eu estava falando sério. Um amigo que estava me ensinando a tocar violão levou o dele e cantou uma música de despedida para mim. Depois cantamos juntos.

Quando fui me despedir da minha madrasta, nos abraçamos. Ela chorou e disse que sempre rezaria por mim. Estava tão doente na época que eu me preocupava mais com ela do que comigo mesma.

Naquela noite, Oscar disse que estava cansado de tomar conta de mim. Não sei por que ele estava sempre bravo comigo, mas aquilo só me deixava ainda mais decidida a partir.

No dia seguinte, peguei um ônibus para Petén, que faz fronteira com o México. Passei a noite em um esconderijo com outras cinco pessoas, todas fazendo a mesma jornada. Eram dois caras grandes, uma salvadorenha e dois jovens da minha idade. Não falamos sobre o motivo pelo qual estávamos partindo. Mas eu sabia que todo mundo sentia que não tinha escolha, como eu.

Fomos levados até a fronteira mexicana, onde tínhamos que cruzar um rio que fica entre a Guatemala e Chiapas, no México.

Subimos numa jangada de madeira. Os homens que iam nos levar portavam armas.

— É para os animais — eles disseram.

Aquilo ficou claro quando vi os crocodilos da beira do rio

entrando na água em silêncio. Pela primeira vez, senti medo de verdade. Estávamos nas profundezas da floresta — havia macacos se balançando nos galhos no alto e pedras enormes na água das quais era preciso desviar. Começou a chover, e vi redemoinhos à frente. A jangada começou a chacoalhar na água agitada. As pessoas gritavam. Se acertássemos uma pedra ou fôssemos puxados pela correnteza, a jangada afundaria. Fechei os olhos e rezei até terminarmos a travessia, uma hora depois.

Quando chegamos ao solo mexicano, soltei o ar.

Subimos em um caminhão com 25 pessoas de toda a América Central. Descobrimos que funcionários da Imigração tinham passado lá na noite anterior, então precisávamos ser ainda mais cuidadosos. Depois de horas em estradas de terra esburacadas, ordenaram que caminhássemos por uma encosta na escuridão. Finalmente, chegamos a uma casa em construção e pudemos descansar. Eu estava esgotada, e peguei no sono. Se não tivessem me acordado, teria sido deixada para trás.

Nos apertamos em uma van pequena que nos levou até outro ponto, então tivemos que descer e correr até onde iam nos buscar. Foi caótico. Antes que o novo veículo chegasse a parar por completo, mais de cem pessoas foram instadas aos gritos a entrar nele o mais rápido possível. Vi um menininho ser jogado no caminhão como se fosse um boneco. Uma mulher grávida chorava enquanto os homens encarregados a empurravam e gritavam. Era um caminhão boiadeiro, e éramos mesmo tratados como animais. Não havia espaço para tanta gente, então fui apertada contra completos desconhecidos. Viajamos daquele jeito por dois dias.

Quando chegamos ao próximo esconderijo no México, abri a mochila. Estava desesperada para tomar um banho e trocar de roupa. Tinha levado duas blusas, duas calças, calcinha e sutiã. Vi que minha madrasta tinha separado uma toalha pequena pra mim também.

Fiquei muito feliz por isso. Achei que chegaria aos Estados Unidos em uma semana, mas ficamos presos naquele vilarejo por um mês inteiro, porque um caminhão como aquele em que tínhamos chegado havia tombado com os imigrantes dentro. Muitos morreram na batida. Havia agentes da Imigração por toda parte, então nos disseram para ser discretos.

Sou muito grata por ter ficado com boas pessoas. Chamávamos nosso anfitrião de Iguana, porque tinha uma tatuagem do lagarto. Havia cinco de nós com ele, e seu filho pequeno sempre nos convidava para ver um filme ou jogar futebol. Fiquei até um pouco triste quando chegou a hora de ir, de tão legais que eles eram.

Quando cheguei à última parte da viagem, comecei a me perguntar se tinha feito a escolha certa.

ANALISA

O homem que nos encontrou na fronteira do Texas ameaçava todo mundo no grupo para fazer silêncio. Ele ficava repetindo "Fiquem calmos!" de um jeito que deixava todo mundo em pânico. O homem nos acompanhou até o rio e disse que deveríamos deixar todos os nossos pertences para trás e atravessar só com a roupa do corpo.

Respirei fundo, implorei a Deus para que ficasse tudo bem e subi na jangada. Estava tão perto. Tinha ouvido muita gente dizer que atravessar aquele rio era a parte mais perigosa, o ponto em que mais gente era pega e deportada antes mesmo de chegar aos Estados Unidos.

Nem tive tempo de sentir alívio quando a jangada chegou à margem — o guia nos mandou correr o mais rápido que podíamos. Eu estava com dois garotos da minha idade, uma jovem com o filho de três anos e uma idosa. Concordamos em nos manter juntos.

Haviam nos dito para procurar por uma luzinha próxima à ponte e segui-la, mas havia tantas luzinhas à distância! Corremos por duas horas. A mulher mais velha tinha dificuldade em nos acompanhar.

— Não consigo — ela disse repetidas vezes.

Eu também estava prestes a desistir quando vi a estrada à frente. Àquela altura, a mulher mal conseguia andar. Não fazia muito tempo que estávamos no acostamento quando um carro de polícia parou. Homens de uniforme saíram e nos fizeram ajoelhar na estrada. Gritaram para que tirássemos o cinto e os cadarços dos sapatos. Então nos levaram até um depósito gigante e nos mandaram sentar no chão de concreto.

Um dos policiais ficava gritando em espanhol:

— Por que fazem isso? Gostam de sofrer?

Ele era a única pessoa que falava espanhol ali.

Fomos levados a uma sala congelante — fiquei sabendo que a chamavam de *hielera*, "geladeira" em espanhol. Nos deram cobertores de emergência e ordenaram que formássemos uma fila para que nos contassem e registrassem.

Eu estava tão cansada que comecei a cair no sono. Um guarda me cutucava para que me mantivesse acordada. Um a um, éramos levados para tirarem nossas impressões digitais, nos pesarem e nos fotografarem.

Me perguntaram se havia alguém nos Estados Unidos que poderia se responsabilizar por mim, e indiquei Ernesto. Me pediram o telefone dele. Eu tinha decorado, mas também escrevera em um retalho costurado na calça, por garantia.

Então me levaram a outra sala e me passaram um telefone.

— Analisa? — Era Ernesto. — Você está bem?

Garanti que estava bem, ainda que cansada.

Não tive tempo de dizer a ele que estava um pouco aliviada também. De ouvir sua voz. De ter conseguido chegar até ali.

ANALISA

Naquela mesma noite, me colocaram num carro e me levaram a um lugar que chamavam de *perrera*, ou seja, "canil". Assim como a geladeira, não sei o nome oficial. Era um armazém gigante dividido por cercas metálicas; parecia que éramos mesmo cachorros enjaulados.

Pelo menos fui colocada com outras garotas da minha idade — os garotos ficavam em outra seção. Para nos distrair, comparamos nossas jornadas.

— Por onde você atravessou? O que te assustou mais? Conheceu gente legal no caminho?

Uma garota de El Salvador me contou que a amiga com quem estava viajando tinha morrido.

— O que aconteceu? — perguntei.

Ela me disse que tinham pegado o trem, o que eu sabia que era muito perigoso. É preciso embarcar quando ele está saindo da estação ou quando diminui a velocidade durante o trajeto. Quando a amiga pulou, fez um corte feio na perna. Sangrou tanto que morreu no trem. Ninguém sabia o que fazer. Alguém entrou em pânico e jogou o corpo dela do vagão em movimento.

A garota tremia ao contar a história. Ainda estava traumatizada pela experiência, e eu compreendia. Não foi a primeira vez na minha jornada em que senti que tinha sorte de estar viva.

Fiquei dois dias naquele lugar, acho. Não tenho certeza, porque a luz era muito forte e não havia janelas, então não dava para saber se era dia ou noite.

Eu matava o tempo conversando com as outras meninas. Perguntei a todas quanto tempo achavam que íamos ficar ali. Ninguém sabia.

Algumas choravam, principalmente as mais novas. As mais velhas e eu tentávamos acalmá-las, mas ninguém sabia o que ia acontecer.

Só ficávamos sentadas observando enquanto colocavam braceletes ou tornozeleiras em algumas meninas; outras eram acorrentadas. Ninguém sabia por que ou quem seria a próxima. Como não falávamos inglês e nenhum dos guardas falava espanhol, não sabíamos o que estavam dizendo. Nos atentávamos à linguagem corporal deles e tentávamos imaginar o que queriam de nós. Era impossível.

Finalmente, depois de cinco dias entre a geladeira e o canil, me levaram para um abrigo com outras meninas da minha idade. Hoje sei que era administrado pelo Escritório de Reassentamento de Refugiados e destinado a crianças que entram no país sozinhas.

A princípio gostei — havia uma cama e eu podia tomar banho. Não me importava que nos acordassem às seis com um apito, como se estivéssemos no Exército. Tínhamos aula de inglês e assistíamos a filmes à noite. Mas eu estava impaciente, porque não tinha ideia de quanto tempo passaria ali. Algumas garotas que conheci tinham chegado seis meses antes, e outras mais de um ano.

Enquanto isso, meu irmão fazia tudo o que podia para me tirar dali. E, depois de seis semanas, conseguiu.

Ele ficou tão feliz ao me ver — eu tinha conseguido! Estava viva. Mas para mim era tudo novo, estrangeiro, inclusive meu irmão. Eu não lembrava mais dele, ainda que o houvesse conhecido quando pequena. E aquele novo país até então tinha se mostrado bem pouco receptivo.

Mas sei que, não importa o que aconteça, mesmo com tudo que passei e tudo que ainda vou passar, não estou só. Deus está sempre comigo.

Antes de deixar a Guatemala, pedi um sinal a Ele — e choveu. Também rezei para que houvesse uma igreja perto de onde eu moraria. Não tenho meu pai, mas tenho minha fé.

Quando cheguei à casa do meu irmão, vi que ele morava atrás de uma igreja adventista. Olhei para o céu e pensei: *Obrigada, Senhor.*

Marie Claire

Um novo começo

•

Congo —> Zâmbia —> Pensilvânia

Conheci Marie Claire em Lancaster, Pensilvânia. Eu tinha sido convidada para participar de um evento em homenagem aos refugiados e à comunidade local. Lancaster é considerada a capital dos refugiados nos Estados Unidos, e, embora já tivesse recebido o mesmo convite alguns anos antes, aquela era a primeira vez que eu podia comparecer.

Minha aparição e meu discurso foram surpresa. Isso acontece às vezes. Entro sem que ninguém esteja esperando e falo para um salão cheio de pessoas incríveis.

Mas, em eventos desse tipo, estou sempre mais interessada em ouvir do que falar. Naquele dia, fui para uma sala com seis jovens refugiados, e cada um contou sua história. Lembro de Marie Claire não só pelo que disse, mas também pelo que não disse. Ela foi muito forte, mas dava para ouvir a dor em seu coração e ver as lágrimas em seus olhos. Quando falou, senti ao mesmo tempo o trauma e o triunfo. A imagem daquele momento, enquanto revelava seu passado, está gravada na minha memória.

Malala

Minha mãe costumava me dizer:

— O que você quer? Precisa correr atrás dos seus sonhos!

A primeira vez que me disse isso foi quando voltei da escola chorando porque as outras crianças tinham sido cruéis comigo. Eu e minha família havíamos chegado na Zâmbia no ano anterior, fugindo da violência na República Democrática do Congo. Eu não falava a língua e não parecia com as outras crianças da sala. Elas me provocavam, me xingavam e até cuspiam em mim.

Eu implorava à minha mãe:

— Não me faz voltar lá, por favor!

Ela passava a mão no meu cabelo enquanto eu chorava em seu colo e dizia:

— Esqueça as outras crianças, Marie Claire! Corra atrás dos seus sonhos!

Eu estava pensando nessas palavras quando acordei em 16 de junho de 2016. A primeira coisa que vi foi a beca e o capelo vermelhos pendurados na porta do armário. Tinha colocado ali na noite anterior. Precisava ver, saber que era mesmo real.

Ouvi meu pai e meus irmãos na cozinha, e o barulho dos pratos do café da manhã. O orgulho na voz dele enchia a casa.

Era o grande dia. Meu sonho tinha se realizado: eu ia ser a primeira da família a se formar no ensino médio. Meu coração estava transbordando, mas logo se partiu: era o sonho da minha mãe também. Ela deveria estar ali para vivê-lo comigo.

Eu era nova quando minha família deixou o Congo — não sei quantos anos tinha exatamente, e não temos muitas lembranças felizes da época além de brincar com outras crianças do vilarejo durante os raros momentos de tranquilidade em meio à violência indescritível. A guerra começou no ano em que nasci — era tudo o que eu sabia. O que mais lembro é de estar constantemente fugindo. Passamos os primeiros quatro anos da minha vida escondidos, literalmente em fuga. Tenho lembranças nebulosas da viagem para a Zâmbia, sempre nos locomovendo no meio da noite e dormindo entre arbustos espinhosos durante o dia para nos proteger dos animais selvagens. Lembro da fome, do cansaço e de saber, ainda muito nova, que se fôssemos pegos pelas milícias que aterrorizavam o país seríamos mortos. Então fugíamos.

Com a ajuda de pastores e padres, pegamos um barco para a Zâmbia. Era para onde muita gente estava fugindo — de acordo com o ACNUR, há hoje 4,25 milhões de pessoas deslocadas dentro do próprio Congo e mais de 600 mil refugiadas na África Subsaariana. Como na Síria e no Iêmen, há uma guerra civil em andamento no Congo, travada entre forças rebeldes e o governo. Embora venha ocorrendo há muito mais tempo, o resto do mundo parece não saber tanto a respeito dela.

Tudo o que sei é que minha família fazia parte do fluxo constante de refugiados deixando o país em busca de segurança. Para sobreviver, tivemos que partir.

Os zambienses não nos queriam em seu país.

— Voltem pra casa! — gritavam para a gente na rua. — Por que estão aqui?

As crianças insultavam a mim e a meus irmãos na escola. Chegavam a jogar pedras, gritando:

— Aqui não é o seu lugar!

O problema era que não tínhamos outro lugar aonde ir.

Quando chegamos, tínhamos apenas uma tenda plástica num campo de refugiados. Depois, meus pais acharam uma casa simples com um único quarto para a família. Era apertado, considerando que éramos sete — eu, meus dois irmãos mais novos, minhas duas irmãs mais velhas e meus pais. Mas não nos importávamos — era muito melhor do que quando dormíamos em arbustos no Congo. Tudo o que tínhamos era melhor em comparação com o que havíamos deixado. Meu pai vivia dizendo que era temporário, que ele e minha mãe estavam economizando para um lugar maior.

Na nossa nova casa, eu poderia ir à escola pela primeira vez na vida. Estava com onze anos. Entrei no terceiro ano, e era tão maior e mais velha que os outros riam de mim. Eu não falava inglês e sabia muito pouco de nianja, a língua local. No Congo, falávamos quiniaruanda, e era a única língua que eu sabia. Mas eu compreendia os insultos. As outras crianças sabiam que eu era refugiada. Como as pessoas na rua, elas diziam:

— Volta pro Congo! Aqui não é o seu lugar!

Alguns professores também me tratavam mal, mas uns poucos me apoiavam.

— Você vai aprender. Só precisa de tempo — diziam.

Fiquei no terceiro por dois anos. Era difícil fazer amigos. Minha mãe sabia que eu estava com problemas na escola. A comunicação era complicada para ela também, que acordava todos os dias, armava sua banca no bairro e vendia tudo o que plantava e fazia para ajudar nossa família. Diziam coisas horríveis a ela e às vezes não queriam pagar. Havia muito ódio.

Aquilo a lembrava do Congo, do que tínhamos deixado para trás. Mas aonde mais poderíamos ir?

Então, sempre que eu dizia:

— Não vou pra escola hoje. As crianças riem de mim. Não aguento mais.

Ela respondia:

— A vida é sua, não delas. Ignore e foque no que quer.

O que minha mãe mais queria era uma vida melhor para nossa família. Ela costumava pedir em voz alta: *Senhor, pode tirar minha vida, mas mantenha meus filhos seguros.* Ainda estávamos morando no acampamento quando ela ouviu dizer que podíamos conseguir vistos de refugiados através da ONU. Então, quando mudamos para Lusaka, ela descobriu onde ficava a agência para refugiados e entrou com o pedido. Disseram que poderia levar anos, mas ela estava disposta a esperar.

Não tínhamos ideia de quanto demoraria, mas sabíamos que não estávamos seguros. Já havíamos sido atacados inúmeras vezes. Homens mascarados tinham assaltado minha mãe uma noite, enquanto ela desmontava a banca. Em outra ocasião, ameaçaram meu pai, dizendo:

— É melhor ir embora, ou vamos matar você!

O ressentimento crescia, porque meus pais estavam conseguindo se virar. Não tínhamos certeza de quem eram os homens mascarados — podiam ser da Zâmbia ou do Congo.

Uma noite, ouvimos uma comoção do lado de fora de casa. Mais de dez homens com facas e facões cercavam a residência. Alguns bateram à porta. Sabíamos que não eram ladrões comuns querendo roubar nossas coisas.

Meus pais tinham ouvido falar nos grupos de justiceiros que aterrorizavam refugiados, e agora havia um do outro lado da porta.

Eu tinha doze anos e o medo me paralisou. Meus irmãos e eu nos amontoamos em um canto enquanto minha mãe gritava:

— Não levem meus filhos! Se forem levar alguém, que seja eu!

Eles a atacaram primeiro, arrastando-a de casa para a rua. Meu pai tentou reagir, enquanto meus irmãos gritavam e choravam, implorando para que os homens parassem. Depois foi a vez do meu pai.

Minha mãe morreu na nossa frente aquele dia. A lembrança mais dolorosa que tenho é de que a deixaram nua, algo que nunca consegui entender. Achamos que meu pai tinha morrido também. Vimos quando levou inúmeras facadas na cabeça.

Em estado de choque, fomos morar com nosso irmão mais velho. Acreditávamos ter perdido nossa mãe e nosso pai. No entanto, alguns dias depois, o médico ligou e disse que ele estava vivo.

Era um milagre.

A polícia foi nos interrogar. Disseram que estavam atrás dos assassinos da minha mãe, mas ninguém nunca foi preso. Não insistimos porque não tínhamos documentos, o que significava que nem podíamos morar naquele país. Não tínhamos direitos. E não tínhamos mãe. Ou lar. Abandonei a escola para ajudar a tomar conta do meu pai.

Ele levou meses para se recuperar, e eu também. Era impossível continuar na escola — tudo aquilo era demais para suportar. Estava em choque. Foi só depois que me dei conta da brutal ironia de que tínhamos fugido de um lugar violento para outro. Eu mantinha a prece da minha mãe em mente: *Pode tirar minha vida, mas mantenha meus filhos seguros*. Levaram minha mãe, mas não seu amor. Ainda o tenho, e isso me mantém forte.

No ano seguinte à morte dela, mal saí de casa. O luto era esmagador. Quando finalmente me senti bem para voltar à escola, o novo professor me colocou no sexto ano. Comecei a levar a escola muito a sério. Era uma conexão com a minha mãe. Ela sempre dizia:

— Marie Claire, com uma boa educação, você pode fazer o que quiser.

Nem ela nem meu pai haviam tido a chance de ir à escola. Era o sonho da minha mãe que eu um dia me formasse. Então estudei muito, não apenas por mim, mas por ela.

As coisas melhoraram com o passar dos anos. Comecei a me sair bem na escola, e as crianças pararam de me provocar por ser estrangeira. Consegui ganhar fluência na língua, e a Zâmbia começou a parecer menos hostil e mais com meu lar. Encorajamos nosso pai a casar de novo — eu e meus irmãos vivíamos ocupados com a escola, e ele parecia muito solitário. Ele conheceu a esposa, que também é do Congo, através do pastor da igreja que frequentava. Os dois casaram em 2012.

Então, um dia, meu pai recebeu uma ligação da agência da ONU para refugiados dizendo que nosso pedido de visto tinha sido aceito. Não sabíamos para onde seríamos mandados — só que logo deixaríamos a Zâmbia.

Recebi a boa notícia com uma pontada de tristeza, tantos anos depois que minha mãe havia entrado com o pedido. Lembro que nos chamaram para uma entrevista quando ela ainda estava viva, e de como ficamos esperançosos. Então anos se passaram sem que entrassem em contato, e naquele meio-tempo a perdemos. Eu já estava com dezesseis anos quando ligaram de novo, querendo entrevistar todo mundo da nossa família estendida que estava pedindo visto. Fui entrevistada mais de cinco vezes nos três anos seguintes. Então, quando recebemos a ligação dizendo que nosso visto tinha sido aprovado, quase não acreditei.

Uma semana antes de nossa partida, nos disseram que nosso novo lar seria em Lancaster, Pensilvânia. Comecei a pesquisar e descobri que se tratava da capital americana dos refugiados, de tantos que ali viviam. Fiquei animada — finalmente ia ter documentos. Uma casa. Uma vida. Um novo começo. Era real.

Jennifer foi nosso anjo da guarda. Ela foi nos receber no aeroporto quando chegamos.

Nunca vou esquecer de vê-la ali de pé, uma mulher branca e baixinha com um sorriso largo e cabelo loiro com franja, segurando uma placa escrito BEM-VINDOS A LANCASTER. Em pouco tempo, ela, o marido e os filhos se tornaram nossa família americana.

Eu já tinha quase dezenove anos e estava animada para concluir o ensino médio. Só faltava cursar o último ano. Então fiquei sabendo que só aceitavam alunos de até dezoito anos na escola. Eu não queria fazer supletivo, então fui atrás do responsável pelos novos alunos e pedi que me desse uma chance. Ele explicou que a maior parte dos refugiados que ingressavam na escola já tinham perdido tanta aula que dificilmente acompanhavam a turma e se adaptavam.

Eu o convenci de que conseguiria. Era uma boa aluna e falava inglês razoavelmente bem. Só precisava de uma chance.

Continuava ouvindo minha mãe sussurrar: *Você pode fazer qualquer coisa que sonhar.*

Aquele era meu sonho.

— Vou te dar uma chance — ele disse, e tive que segurar as lágrimas.

Fui colocada no último ano, faltando cinco meses para a formatura. Se não passasse nas provas, precisaria ir para o supletivo.

A formatura foi em junho de 2016. Acordei e vi a beca e o capelo vermelhos pendurados na porta do armário do meu quarto. Ouvi o barulho da minha família no andar de baixo da minha nova casa. Pulei da cama.

Seiscentos jovens se formaram naquele dia, mas senti que me destacava, de um jeito bom. Tenho fotos da minha família me carregando nos ombros em meio à multidão, com o rosto tomado pela alegria. Meu pai sorria tanto que saiu de olhos fechados. Jennifer, que eu tinha passado a chamar de "mãe americana", resplandecia orgulho. Naquele momento suspenso no tempo, enquanto me jogavam no ar e me pegavam, eu também sentia minha mãe me levantando e sorrindo lá de cima.

Jennifer

**Eu precisava
fazer alguma coisa**

•

Pensilvânia

Meu coração se encheu de orgulho e amor no dia da formatura de Marie Claire. Ela foi a primeira da família a terminar o ensino médio. Era um marco importante para todos eles, assim como foi a chegada em Lancaster, seis meses antes.

A formatura dela significava que qualquer coisa era possível. A família ficou tão emocionada quando ela recebeu o diploma que começou a gritar em meio à multidão silenciosa. Depois da cerimônia, eles a jogaram para o alto, em comemoração. Outras famílias nos olhavam como se fôssemos loucos, mas nem nos importamos.

Só pensei: *Vocês nunca entenderiam o que essa conquista significa para esta família.*

Em 2015, fui visitar minha filha por ocasião do primeiro aniversário da minha neta. Enquanto curtia as alegrias de ser avó, vi a foto de um policial turco tirando o corpo sem vida de um menino sírio de três anos do mar Egeu.

Fiquei muito abalada.

Li que o pai dele, Abdullah Kurdi, foi o único da família a sobreviver. Ele, a mulher e dois filhos tinham fugido da Síria e chegado à Turquia, onde haviam pagado contrabandistas pela travessia do Egeu até a Grécia, mas seu barco virara pouco depois de deixar a costa turca.

Conforme lia sobre os milhares de refugiados deixando a Síria, me dei conta de que era a maior crise humanitária que eu já havia vivenciado. E que eu precisava fazer alguma coisa.

Naquele mesmo dia, fiz uma busca por "refugiados" e "voluntários" e descobri a Church World Service (CWS), uma organização religiosa que tinha um programa de reassentamento em Lancaster, Pensilvânia, onde eu morava. Eu nunca tinha ouvido falar a respeito.

Quando voltei para casa, conversei com a minha família. Eu trabalhava em tempo integral, meu marido viajava a trabalho e ainda tínhamos dois filhos adolescentes morando conosco. Eu sabia que, se fosse entrar para o voluntariado, todos precisavam estar de acordo. Meus filhos sabiam que isso significava não ganhar o último iPhone, porque alguém que estivéssemos ajudando poderia precisar de comida. Mas todo mundo achou que era importante. E todo mundo quis se envolver.

———————

Marie Claire e sua família foram os primeiros refugiados que recebemos depois que começamos com o trabalho voluntário naquele mesmo mês. Tudo o que eu sabia era que estavam chegando da Zâmbia, mas eram originalmente da República Democrática do Congo. Eu não sabia que eles tinham passado três anos literalmente fugindo da violência da guerra civil. Foram parar na Zâmbia, onde viveram muitos anos, em grande parte morando em campos de refugiados, antes de conseguir asilo nos Estados Unidos.

Não pude falar com eles antes da chegada, e queria compreender ao máximo as circunstâncias de que tentavam escapar, então fiz uma pesquisa. Foi assim que aprendi sobre a Primeira e a Segunda Guerra do Congo, uma extensão do conflito letal entre os tútsis e os hútus em Ruanda que se espalhou pela República Democrática do Congo no começo dos anos 1990, sendo responsável pela morte de aproximadamente 5 milhões de pessoas — mais do que toda a população da Nova Zelândia. Mais de 4 milhões de pessoas foram forçadas a se deslocar dentro do país, e cerca de 445 mil se refugiaram em outros países. Ter conhecimento dos números e da história não era o mesmo que compreender de fato, mas pelo menos me ajudou a preencher algumas lacunas.

Eu deveria buscá-los no aeroporto, levá-los até sua nova casa e ajudá-los a se acomodar. Tirei um dia de folga do trabalho porque iam chegar durante a semana. Meu marido estava no Texas e meus filhos estavam na escola, então fui sozinha, com alguns outros voluntários da cws.

Quando conheci a família no aeroporto, fiquei chocada ao ver como quase todos estavam magros. Era um grupo de catorze pessoa, incluindo o pai, que tinha 61, sua segunda esposa, Uwera, e a família de ambos, incluindo Marie Claire, sua irmã Naidina, de 21, seu irmão Amor, a esposa e seus três filhos, de nove, cinco e dois anos. As crianças, em especial, pareciam tão fracas e doentes que fiquei preocupada. No entanto, todos usavam suas melhores roupas, os homens de calça social e camisa, as mulheres de vestido colorido com lenço combinando amarrado na cabeça ou tranças com miçangas no cabelo. Quando os elogiei, Naidina disse:

— Queríamos causar uma boa impressão em nosso novo país.

Marie Claire era extremamente tímida e cautelosa. Mal me olhou quando disse oi.

JENNIFER

Enquanto eu dirigia para a casa que a cws tinha encontrado em uma área mais barata de Lancaster, eles se mantinham em silêncio no carro, absorvendo tudo. As casas precisando de uma nova mão de tinta, com varandas envergadas e lixo acumulado na frente me causavam certa apreensão. Eu me perguntava o que eles estariam pensando.

— Ah, olha que lindo! — Naidina disse.

Fiquei aliviada ao ouvir a esperança e o entusiasmo em sua voz.

Estacionei diante da casa e respirei fundo. Conforme entrávamos, fui fazendo uma lista das coisas que precisavam ser consertadas, como o buraco no teto da cozinha causado pelo vazamento no banheiro do andar de cima e as paredes descascando que precisavam ser repintadas. As janelas não tinham mosquiteiro e o quintal dos fundos estava tomado pelas ervas daninhas. Só havia um banheiro para catorze pessoas. E as janelas do sótão não abriam — e se houvesse um incêndio e eles não conseguissem sair?

Mas a família não via nenhuma das falhas que me preocupavam. Todos amaram a casa. Estavam extasiados. Na Zâmbia, não tinham encanamento, muito menos banheiro próprio. A casa era iluminada por velas. Na verdade, estavam impressionados com o tamanho daquele lugar. Percebi na mesma hora a extensão do meu privilégio. Onde eu via tantos problemas, eles viam oportunidades.

Ensinei como usar o fogão e a geladeira, já que eles não conheciam nenhum dos eletrodomésticos. Depois expliquei como usar a privada e o chuveiro. Enquanto as crianças subiam e desciam as escadas correndo, disputando para ver quem ficava com cada um dos cinco quartos, fiquei sabendo que tinha sido a primeira vez deles em um avião e que fazia dois dias que não ingeriam nada, porque a comida da companhia aérea lhes parecera estranha demais.

Foi difícil deixá-los naquele dia. Era tudo muito diferente para eles, e eu não sabia como ajudar. Convidei-os para jantar na minha casa naquele fim de semana.

Enquanto eu mostrava minha casa, Naidina e os outros disseram inúmeras vezes:

— Vocês têm tanta água!

A princípio, fiquei confusa, mas então me dei conta de que estavam se referindo às torneiras. Eles ficavam maravilhados que bastava abrir uma para que brotasse água. Havia um único banheiro em sua casa nova, enquanto na minha havia vários. Aquilo os impressionava. Fiquei sabendo que eram necessários três dias de caminhada para chegar até uma fonte de água na Zâmbia.

Quando me visitaram uma tarde, fiz pipoca. Todos se reuniram na frente do micro-ondas, encantados. Acharam que era mágica. Pediram que eu fizesse de novo, e puxaram cadeiras e banquinhos para a frente do aparelho para ficar vendo.

Tudo parecia novo e incrível para eles. Era uma bênção ver minha vida através de seus olhos.

Marie Claire foi se abrindo aos poucos, e comecei a notar sua determinação. Ela queria muito terminar o ensino médio em uma escola americana comum, ainda que já tivesse quase dezenove anos e fosse mais velha que a maior parte dos alunos. A escola local não estava certa de que Marie Claire daria conta. A preocupação era de que seu aprendizado na Zâmbia não seria suficiente para que acompanhasse o curso americano. E o inglês dela era básico.

Então Marie Claire disse ao responsável:

— Me dê uma chance. Acredite em mim.

Ele deve ter visto a mesma determinação que eu, porque concordou.

Fiquei nervosa quando Marie Claire começou a frequentar as aulas, em janeiro. Meu filho estudava no mesmo lugar e tivera dificuldade para fazer amigos no começo. Mas ela não estava interessada em amizades ou em participar de qualquer grupo ou time. Estava totalmente focada em sua educação e passava todo o tempo livre estudando ou fazendo aula particular de inglês. Agora sei que, graças à capacidade de se manter focada, Marie Claire vai ser bem-sucedida em qualquer coisa que fizer. Ela constrói sua própria realidade.

Por mais que Marie Claire e sua família celebrassem a nova vida, testemunhei momentos difíceis também.

Comprei um colar para ela e outro para Naidina. Queria dar algo especial a elas, que fosse durar e que pudesse lembrá-las de que podiam contar sempre comigo. Elas ficaram tão emocionadas que começaram a chorar, sentadas no sofá. A princípio, achei que fossem lágrimas de alegria, mas logo vi que meu presente tinha reacendido a tristeza profunda que havia dentro de cada uma delas. Perguntei o que havia de errado.

Marie Claire falou primeiro.

— É tão lindo, tudo isso. Estar aqui, com você, nos Estados Unidos. Só queria que minha mãe também estivesse aqui para viver isso conosco.

Elas raramente falavam sobre a mãe, Furaha, mas eu sabia as circunstâncias de sua morte, e que ambas a haviam testemunhado.

— Ela se sacrificou para que a gente pudesse ter esta vida.

Naidina mal conseguia falar, de tanto que chorava.

A dor que senti no peito aquele dia só pode ter sido meu coração partindo. Também queria que a mãe delas estivesse lá. Queria que pudesse ver as meninas corajosas, fortes, bondosas, determinadas e lindas que havia criado. Mas também sei que o espírito de Furaha persiste em cada um de seus filhos, principalmente em Marie Claire. Ninguém pode pará-la. Sua determinação e sua força só podem vir da mãe, assim como sua enorme modéstia.

Aquele luto profundo é algo que as meninas sempre carregam consigo. A cada conquista importante, sua alegria é diminuída pelo trauma muito real que as trouxe aqui. Imagino que seja assim para todos os refugiados — o paradoxo de ser grato por uma nova vida que é resultado da dolorosa perda da vida antiga.

Marie Claire se referiu a essa dor quando Malala a convidou para falar durante a sessão de jovens da Assembleia Geral da ONU, em setembro de 2017. Fui a Nova York por causa do evento e tive a oportunidade de sentar no chão do salão, morrendo de orgulho enquanto Marie Claire compartilhava sua experiência com a distinta plateia de líderes mundiais e diplomatas, incluindo o presidente da França, Emmanuel Macron.

Ela parecia calma e confiante atrás do púlpito. Então começou a contar sua história.

— Uma noite, rebeldes armados entraram na nossa casa com o intuito de matar. Vimos nossa mãe morrer. Ela se sacrificou para proteger meus irmãos e eu.

Nesse momento do discurso, o silêncio era tão absoluto que dava para ouvir uma agulha caindo. Mais do que nunca, desejei que Furaha ainda estivesse viva para vê-la prendendo a atenção de todo o público. Mas aquela era a ironia, claro: Marie Claire estava li, na ONU, justamente por causa do amor e do sacrifício da mãe.

Também deveria ter sido Furaha a levar Marie Claire para a faculdade. A vê-la escolher enfermagem como graduação. Ela devia ter estado presente no casamento de Naidina, com um refugiado que conheceu na Zâmbia e depois fora enviado a Utah. Eles retomaram contato, e todos participamos da cerimônia, outro ponto alto.

Agora, sempre que estou com Marie Claire ou com um de seus irmãos, eles me apresentam como sua "mãe americana". É um privilégio e uma honra tê-los na minha vida. O orgulho que sinto em ser chamada assim é indescritível.

Quando Marie Claire chegou aos Estados Unidos, era reservada e cuidadosa. Mas vi uma fagulha dentro dela que estava começando a brilhar. Marie Claire realmente evoluiu. Sempre foi focada e determinada, mas eu a vi ficar cada vez mais confiante, com apoio e encorajamento. Ela não só apro-

JENNIFER

veita as oportunidades, mas também as cria. Três anos atrás, essa jovem tinha um futuro incerto. Agora, é destemida e invencível, e está produzindo um impacto real no mundo. Seu objetivo final é retornar à Zâmbia como enfermeira e ativista para ajudar outros refugiados.

E sei que vai conseguir.

Ajida

À noite, caminhávamos

•

Mianmar —> Bangladesh

Desde agosto de 2017, milhares de rohingyas, uma minoria muçulmana em Mianmar, país majoritariamente budista, migraram para a vizinha Bangladesh. Os maus tratos a esse povo datam de muito tempo, mas recentemente teve início uma nova onda de violência. Os rohingyas fugiam de soldados e extremistas de Mianmar que se diziam budistas mas ateavam fogo em vilarejos, estupravam mulheres e matavam. Originalmente, essa minoria muçulmana se concentrava no estado de Rakhine, a oeste do país, na fronteira com Bangladesh. De acordo com a ONU, foi o deslocamento humano mais rápido desde o genocídio em Ruanda, em 1994.

Em setembro de 2017, critiquei o trágico e vergonhoso tratamento conferido a esse povo em Mianmar. Pouco depois, conheci Jérôme Jarre na conferência Goalkeepers, um evento organizado por Bill e Melinda Gates que celebra o progresso na eliminação da pobreza e das doenças no mundo todo. Jérôme é um ativista e filantropo francês que, junto com inúmeros outros artistas ativistas, criou o Love Army, com o objetivo de mobilizar os jovens a reagir às crises pelo mundo de uma maneira mais direta. Usando as redes sociais para arrecadar dinheiro, *eles ajudaram pessoas atingidas pela seca na Somália em 2017. Depois desse esforço, o Love Army levantou fundos para ajudar na reconstrução após um terremoto devastador no México, e então se voltou a Mianmar.*

Fiquei muito tocada com todo o trabalho que Jérôme e o Love Army desenvolveram para auxiliar os rohingyas. Com frequência, penso naqueles que prestam ajuda em todo o mundo — pessoas como Jennifer, que assumiu a missão de apoiar Marie Claire e sua família. Mas também tradutores e aqueles que arrecadam fundos, aqueles que doam cinco dólares ou que doam cinco horas para despertar a consciência dos outros. Tudo isso é importante. Tudo isso ajuda. Às vezes, só ser visto e reconhecido é o bastante para animar alguém. Jérôme oferece ajuda em grande escala, mobilizando pessoas em todo o mundo a se unir e a apoiar as comunidades necessitadas.

Os rohingyas têm fugido da perseguição desde os anos 1960. O primeiro campo de refugiados foi montado em Bangladesh em 1990, e desde então os números cresceram para mais de 900 mil vivendo nas montanhas inóspitas na fronteira dos dois países — uma terra de ninguém, sujeita às monções e enchentes. Quando os rohingyas chegam ali, não podem sair nem mesmo para trabalhar. Bangladesh permite que vivam naquela terra, mas não os integra à sociedade. Muhammed, um rohingya que é gerente de projeto no Love Army, descreveu os campos como uma prisão aberta.

Ele foi para Bangladesh quanto tinha quatro anos, em 1992. Casou

AJIDA

e teve um filho, que nasceu no limbo. Mas Muhammed aprendeu inglês sozinho, e fez contato com o Love Army em nome dos rohingyas. Embora eu não tenha visitado Bangladesh, queria incluir a história de uma mulher desse povo neste livro, e sabia que Jérôme e o Love Army poderiam ajudar. Com a soma que a organização levantou para os rohingyas obrigados a fugir, foram construídos 4 mil abrigos e cavados 81 poços profundos. Esse dinheiro também financia 3 mil pessoas que desempenham diversas atividades nos campos, como construção, limpeza, confecção de roupas e tradução, no caso de Muhammed. Ele ajudou Ajida a compartilhar sua história e muito mais.

Malala

Quando chegamos ao campo, fiquei aliviada, e em seguida confusa.

Eu estava feliz porque tínhamos conseguido chegar a Bangladesh. Meu marido e meus filhos estavam vivos. Parecia um milagre.

Mas o campo não era como eu esperava. Era só um grande espaço a céu aberto, com tendas no lugar de casas. Recebemos plástico e bambus. Enquanto montávamos nossa própria tenda, pensei: *Poderia ser pior. Poderíamos estar todos mortos.*

Cresci em um pequeno vilarejo em Noapara, Mianmar, que já foi conhecido como Burma. Meu marido e eu tínhamos nos casado por amor. Nos conhecíamos desde pequenos e percebemos que podíamos ler a mente um do outro. Acabamos nos apaixonando. Amar de verdade torna muito mais fácil viver juntos. Muitos rohingyas têm o casamento arranjado. Às vezes nem conhecem a pessoa, e não há como saber se vai dar certo.

Meu marido e eu tivemos sorte. Eu tinha quinze anos quando casei, e agora temos três filhos, de nove, sete e quatro anos.

Quase dois anos atrás, fomos acordados por volta da meia-noite pelo som estrondoso de armas. O Exército e a polícia tinham cercado nosso vilarejo e estavam pondo fogo em todas as casas. Tínhamos ouvido falar de militares invadindo vilarejos para matar os homens e estuprar as mulheres e as meninas. Morrendo de medo que o mesmo acontecesse conosco, pegamos nossos filhos e corremos para a floresta. Por sorte, conseguimos escapar. Ficamos sabendo depois que meu cunhado foi morto, assim como muitos dos nossos vizinhos.

Passamos vários dias na floresta. Achávamos que poderíamos voltar depois que os militares fossem embora, mas acabamos descobrindo que era impossível. Muita gente tinha sido morta, e tudo estava destruído.

Então ficamos sabendo que o Exército não havia abandonado a área. Sabíamos que se voltássemos ao vilarejo seríamos todos mortos.

Nossa única escolha era fugir.

Não tínhamos nada, nem comida — só a roupa do corpo. Meus filhos choravam de fome. Eu dava a eles folhas verdes da floresta. Era tudo o que havia. Estávamos com um grupo de mais de trezentas pessoas do nosso vilarejo e dos arredores — era mais seguro viajar juntos. E começamos a percorrer o caminho até Bangladesh.

Sabíamos que era um país muçulmano na fronteira.

Tínhamos consciência de que, se ficássemos em Mianmar, íamos morrer. Não sabíamos o que esperar de Bangladesh, mas pelo menos era uma chance de sobrevivência.

Nosso grupo abria caminho pela selva, viajando apenas à noite. Se o fizéssemos durante o dia, poderíamos ser mortos.

Então o dia era para descansar. E, à noite, caminhávamos.

Eu carregava meu filho de dois anos nos ombros. Ele não conseguia acompanhar o ritmo. Em determinado ponto, meu marido ficou muito doente. Ao longo do caminho, passamos por diversos corpos, de rohingyas que tinham sido alvo de tiros ou golpeados até a morte pelos budistas extremistas que não nos queriam ali. Eu cobria os olhos do meu filho, mas não podia fazer nada em relação às minhas filhas. A morte estava em toda parte. Nossa única opção era seguir em frente, ou poderíamos ser os próximos.

Depois de nove dias, finalmente chegamos à fronteira e atravessamos o rio para Bangladesh. Um local nos levou depois que pagamos. O barco dele era pequeno — só cabiam dez pessoas por vez — e não tinha motor, então fizemos fila. Por sorte, minha família não foi separada. Estávamos morrendo de medo, porque não sabíamos nadar. Levava quatro horas para chegar ao outro lado.

Quando chegamos em Bangladesh, segurei o choro. Tínhamos conseguido. A ameaça do genocídio tinha ficado para trás. Foram três horas de caminhada até o campo. Havia tantos rohingyas fugindo que só tivemos de seguir os outros. Éramos uma multidão de desconhecidos marchando juntos rumo a um destino comum e também desconhecido. O alívio que eu sentia não apagava o medo. Não tinha ideia do que esperar.

O que encontramos foi um espaço amplo e aberto com gente demais — mais de 8 mil tinham migrado naquele mês para os campos já lotados. Na primeira noite, dormimos debaixo de um plástico. Depois, minha família recebeu uma tenda, mas quando as monções vieram e a área em que tínhamos nos instalado ficou sob ameaça de inundação, nós e centenas de outros fomos transferidos para outro campo.

Só dá para chegar lá subindo uma montanha, porque não há estradas. A mais próxima fica a trinta minutos de caminhada. Venta bastante aqui, e a cabana de bambu que construímos está sujeita ao tempo. Estamos presos neste lugar, porque Bangladesh não permite que os rohingyas saiam. Se tentássemos, seríamos detidos e trazidos de volta para os campos. Então não há motivo para tentar.

Fazemos o melhor que podemos. O governo local nos dá arroz e lentilha, e construí meu próprio forno de argila, para poder cozinhar para minha família. Minha mãe que me ensinou, e é reconfortante fazer algo da minha vida antiga neste lugar. Embora as condições sejam difíceis, pelo menos eu e meu marido trabalhamos. Quando o Love Army descobriu que eu tinha feito um forno, me contratou para fazer mais para dar a outros refugiados. Já fiz mais de 2 mil. Meu marido trabalha com limpeza para o Love Army. A vida aqui é difícil. Meus filhos vão para um centro de aprendizagem temporário, mas nem dá para chamar de escola, porque não tem livros. Eles têm saudade de casa, e minha filha mais velha sente falta do nosso gato. É ela quem está sofrendo mais. Só tinha sete anos quando escapamos, mas era o bastante para que entendesse o porquê.

O mundo sabe há quanto tempo o genocídio dos rohingyas está acontecendo? Compreende o motivo? Alguém pode nos ajudar?

O governo de Bangladesh quer que voltemos a Mianmar, mas não podemos ir. Não restou nada para nós ali, a não ser tristeza. Meu povo está aqui. Neste campo. Essas pessoas compartilham da minha história e da minha dor. Elas me conhecem. Por que eu iria embora?

Só voltaria para casa se tivesse a garantia de que minha família seria tratada com dignidade. E a pergunta é: quando isso será possível?

Farah

Esta é a minha história

•

Uganda —> Canadá

Conheci Farah em uma entrevista de emprego. Ela era uma das mulheres com quem estávamos conversando sobre a possibilidade de ser a nova CEO do Fundo Malala. Depois que foi contratada, eu disse brincando que tinha gostado dela porque era quase tão baixinha quanto eu. Mas é claro que foi porque é inteligente, tem bastante experiência com organizações sem fins lucrativos, já trabalhou no setor público e acredita na causa da educação das meninas tanto quanto eu. Também senti nela uma força serena com que me identificava.

Na época, eu não sabia que Farah também era uma refugiada. Nascida em Uganda em uma família de origem indiana, foi obrigada a fugir para o Canadá. Ela raramente fala de sua jornada, mas é importante destacá-la. As narrativas de refugiados que costumamos ver são de pessoas ainda em perigo, ainda passando por dificuldades. Supomos que, quando encontram um novo lar, é o fim da história. Com frequência, é o começo de uma nova história.

Saber do passado de Farah me levou a perguntar quantos refugiados que começaram uma nova vida hesitam em contar sobre seu passado. Me fez pensar em como é possível olhar para uma pessoa e não

LONGE DE CASA

saber absolutamente nada sobre ela. Agora, quando encontro famílias de refugiados com crianças pequenas, me pergunto como elas vão crescer e o que seus familiares dirão a elas.

Farah, como muitos jovens refugiados, cresceu com um peso nas costas que não compreendia totalmente, e agora trabalhamos juntas todos os dias para ajudar outras pessoas a se libertar desse mesmo peso que carregam.

Malala

Afivelei o cinto no voo da Tanzânia para Entebbe, em Uganda. O avião estava cheio — ou talvez só parecesse assim porque era pequeno. Por sorte, meu assento era na janela. Não me lembro se os passageiros eram turistas ou locais, mas sei que, apesar de ter nascido em Uganda, eu não me sentia nem uma coisa nem outra. Devia parecer nervosa, porque o cara ao meu lado perguntou se eu estava bem. Confirmei e agradeci.

Fechei os olhos e puxei o ar, em uma tentativa de acalmar meu coração acelerado. Eu *estava* nervosa, e talvez até um pouco assustada. Tinha 36 anos, e era minha primeira viagem de volta ao lugar onde havia nascido — e de onde tinha sido obrigada a fugir, em 1972.

Agora era 2006, e eu havia acabado de me despedir de uma das minhas melhores amigas depois de escalarmos o monte Kilimanjaro um dia antes. Tinha sido uma experiência transformadora para as duas. Ela ia voltar ao Canadá, o lugar que sempre considerei minha casa. Eu, no entanto, ia para Uganda, país onde nascera, mas do qual não tinha recordações.

Eu tinha dois anos quando meus pais fugiram de Kampala comigo e com minha irmã mais velha, Amina. Ela tinha três e meio. Não lembro de nada da viagem de avião que nos levou para nosso novo lar, a 11 mil quilômetros de distância. E meus pais nunca falaram a respeito. Na verdade, até os vinte, eu nem compreendia por que haviam partido. Quando criança, tudo o que sabia era que éramos "de fora", o que significava que eu não havia nascido no Canadá.

Não era que meus pais não tivessem orgulho de sua origem. Eles tinham muito, e continuam tendo. Eu sabia que ser ugandense significava comer *matoke* (banana-da-terra) com curry aos domingos, assim como *paya*, um ensopado feito de pé de cabra. Nunca negávamos que éramos muçulmanos ou africanos com ascendência indiana. Nada disso. Mas o que eu realmente só fui entender quando estava na faculdade foi como ou por que tínhamos ido parar no Canadá. Meus pais nunca usavam o termo "refugiado" para nos descrever. Na verdade, a palavra quase não era usada em casa.

Eu sabia que algo terrível tinha acontecido, algo de que meus pais nunca falavam. Também sabia que deixava minha mãe triste. Sabia que ela e meu pai sentiam falta do que tinham em sua antiga vida, mas não sabia a história por trás.

Eles tinham tentado proteger minha irmã e eu de toda a tragédia e questões políticas.

Mas, quando se ouve a conversa dos adultos durante as confraternizações em casa — o que eu fazia —, é possível descobrir algumas pistas.

E de uma coisa eu sabia: meus pais não tinham saído de Uganda por escolha própria.

Desde nova, era claro para mim que eu não me encaixava.

Nem sei dizer quantas vezes desconhecidos, em geral crianças mais velhas que eu, me chamavam de "paquistanesa" quando eu era pequena. Eu nem entendia o que significava. Quando alguém me explicou que era alguém que vinha do Paquistão, não entendi por que falavam como se fosse ruim. Esse tipo de comentário depreciativo era comum. Uma vez, chamaram minha irmã e eu de porcas, o que é irônico, porque muçulmanos não comem porcos.

Mudamos para Burlington, que supostamente tinha mais diversidade. Mas ainda assim nos destacávamos. Lá, lembro claramente de um garoto de bicicleta passar ao meu lado e gritar: "Volta pra casa". Ainda hoje, gostaria de ter sido corajosa o bastante para gritar: "Já estou em casa".

O bullying (embora não chamássemos assim na época) sempre machucava, mas a pior vez foi, disparado, quando minha amiga que morava ao lado me convidou para passar o fim de semana na casa de campo da família dela. Eu estava muito animada, porque meus pais eram muito rígidos e superprotetores. Nossos amigos eram bem recebidos em casa, mas meus pais não gostavam da ideia de que dormíssemos fora. Acho que cederam quando viram como eu ficara feliz com o convite.

    Cheguei com minha amiga e o pai dela. Estava muito contente, mas notei de imediato o desdém da madrasta dela. Então ela disse "sua gente", e me dei conta de que estava falando de mim. O pai da minha amiga me pediu desculpas e disse que ela não estava acostumada com crianças estrangeiras, o que foi ainda mais humilhante. Eu tinha crescido no Canadá. Era tão canadense quanto qualquer um ali. Foi tão desconfortável que minha amiga e eu fomos embora um dia antes.

    Até hoje, quando ouço alguém dizer "sua gente", minha mão esquerda se cerra em punho. Tudo o que quero dizer é: "Como se atreve?".

Ainda que meus pais falem seis línguas, incluindo guzerate, kutchi, híndi, urdu e suaíli, minha língua materna, insistiam em falar apenas em inglês comigo e com a minha irmã. Hoje sei que acreditavam que aprender a língua do país que te recebe é a melhor maneira de ser aceito e de se sentir inserido. Eles não pararam aí. Somos muçulmanos, mas comemoramos o Natal, com árvore, presentes e peru. Também celebramos o Chanucá e outros feriados religiosos não muçulmanos, porque meus pais abraçaram tanto da vida canadense quanto podiam.

Fui criada para acreditar que tínhamos sorte de viver no Canadá e que o que quer que acabássemos escolhendo fazer quando adultas teria que contribuir com o país. Era um de nossos valores familiares. Meus pais diziam que tínhamos "sorte" porque o governo canadense havia sido tão receptivo com refugiados de Uganda. Minha mãe insiste que nunca se sentiu uma estrangeira no Canadá — sempre diz que o povo é bondoso, amistoso e acolhedor.

Eu estava no primeiro ano na Universidade Queen's (onde tinha uma bolsa de estudos) quando entrei para o grupo Paz para os Ugandenses. Nem lembro como o encontrei ou como me encontraram — não era como se houvesse Facebook na época! Mas lembro que era comandado por um ugandense negro que estava determinado a organizar uma viagem para lá para ajudar a restaurar a paz. Deviam ser umas doze pessoas, uma mistura de ugandenses negros e pardos. Quando contei a meus pais que estava planejando voltar a Uganda com o grupo para protestar contra a corrupção, os governantes, os massacres e tudo mais, eles foram totalmente contra.

Os dois sempre tinham me apoiado em todas as minhas decisões, então fiquei chocada. E brava com eles. Foi então que finalmente decidiram me contar por que partiram.

———————

Em 1972, Idi Amin, presidente de Uganda de 1971 a 1979, decidiu que os ugandenses de origem asiática não eram mais bem-vindos. A cidadania da minha família foi revogada, assim como a de outras 50 mil pessoas. O decreto de Amin nos dava noventa dias para ir embora. As coisas mudaram rápido. Percebendo que tudo o que tinham guardado seria tomado, minha mãe foi ao banco recuperar suas joias. Dois soldados a seguiram até em casa e bateram na porta.

Quando minha mãe atendeu, deu de cara com eles. Os soldados a derrubaram no chão, bateram nela e roubaram as joias. Antes de ir embora, ameaçaram matá-la se falasse a respeito.

Minha mãe tinha se tornado uma mulher marcada.

No dia seguinte, meus pais foram ao escritório da Imigração canadense e colocaram em andamento seu plano para ir embora. Algumas semanas depois, fomos de Kampala para Entebbe de ônibus. Só era permitida uma mala por pessoa.

Chegamos a Montreal à noite e pegamos um ônibus até um acampamento do Exército. Lá, nos ofereceram chocolate quente, chá e comida. Então nos levaram para os barracões, onde dormimos cada um em um quarto.

No dia seguinte, fomos ao escritório da Imigração e ficamos sabendo que íamos morar em uma cidade chamada Saint Catharines, em Ontário.

Antes da vida adulta, eu não entendia como tinha sido doloroso para meus pais deixar Uganda — ou o que eles haviam deixado para trás. Agora sei que eram ambos de famílias abastadas e tinham estudado na Inglaterra, onde minha irmã nascera. Eles voltaram para Kampala, onde eu nasci, em 1970. Eu nem consigo imaginar como deve ter sido estressante para uma jovem mãe de repente ser tirada de casa pela ameaça da violência, e então chegar a um país onde não conhecia ninguém, sem saber onde ia morar ou como ia sustentar a família, ou mesmo se seria bem-vinda, faria amigos e faria parte de uma comunidade.

Mas não era uma questão de escolha.

Fui criada para ser independente e não viver com medo — mas também fui criada para respeitar minha família. Eu já tinha dezoito anos, mas meus pais ainda influenciavam bastante minhas decisões. No entanto, apesar de sua recusa a apoiar meu desejo de voltar a Uganda, me mantive firme. No fim, o grupo se desfez, assim como os planos de viagem. Lembro que fiquei decepcionada e achei que nunca fosse voltar.

Meus pais ficaram aliviados. Quanto mais eu aprendia sobre o que acontecera em Uganda, mais pensava: *Como isso pode ter acontecido com minha família e com toda uma nação?* Quanto mais velha ficava, mais raiva sentia. Comecei a entender por que meus pais haviam me protegido da verdade sobre nossa origem — era doloroso demais.

Eu tinha 36 anos quando uma amiga me desafiou a escalar o Kilimanjaro com ela em benefício de uma instituição de caridade. Eu já havia trabalhado para um ministro de gabinete júnior, o ministério da Justiça, o ministério da Saúde e o primeiro-ministro adjunto do Canadá. Tinha sido porta-voz do governo durante o surto de síndrome respiratória aguda grave e durante o combate ao terrorismo pós-Onze de Setembro. Imagine só, Farah Mohamed, porta-voz do governo canadense e refugiada de uma parte do mundo que as pessoas acreditam que cria terroristas! Eu estava pronta para outro tipo de desafio. Logo me dei conta de que a viagem ia me levar para perto do lugar onde tinha nascido. Parecia um sinal, ou pelo menos uma oportunidade.

Íamos subir o Kilimanjaro em janeiro, mas minha amiga teve que cancelar por problemas de saúde. Então liguei para outra amiga e disse:

— O que vai fazer em janeiro?

— Não sei — ela respondeu.

— Ótimo — eu disse. — Vamos escalar o Kilimanjaro!

Em dezembro, um mês antes da viagem, fui visitar meus pais e disse:

— Vou voltar para Uganda.

Eles não ficaram felizes, mas àquela altura o governo tinha convidado os exilados a retornar, reivindicar sua terra e ajudar a reconstruir o país. Meu tio Amin foi para lá para ver como estava a situação da propriedade comercial da família. Minha irmã também estava planejando uma viagem.

Enquanto me despedia de todo o grupo que havia escalado o Kilimanjaro e entrava no pequeno avião para Entebbe, estava tão ansiosa que me sentia mal. Eu carregava meu passaporte canadense comigo para onde quer que fosse, mas também tinha meu documento de Uganda, de quando eu tinha dois anos de idade, o qual meus pais haviam levado consigo. Qual deles me identificava de verdade?

Enquanto o avião se preparava para pousar no aeroporto de Uganda, minha preocupação tomou conta. *Será que vou ter problemas na imigração? Minha mala vai estar me esperando?* Era o tipo de preocupação que qualquer um tinha quando entrava num país estrangeiro — mas aquele país não deveria ser estrangeiro para mim.

O funcionário da imigração usava uniforme militar completo. Não me disse nada, e fiquei quieta também. Em geral, quando vou para outro país, tento aprender a dizer "oi" e "obrigada" na língua local, como meus pais me ensinaram. Desde que saiba dizer "oi", "obrigada" e "por favor", você vai ficar bem. Mas só fiquei lá, congelada. Não disse nada. Nem fiz contato visual, o que é incomum para mim.

Quando saí e vi meu tio, lutei para segurar as lágrimas. Fiquei tão aliviada que podia sentir o nervoso deixando meu corpo.

Minha irmã já estava em Kampala. Tinha começado a trabalhar em um documentário sobre o êxodo da nossa família. Era a primeira vez que ela voltava, e embora não tivesse nascido em Uganda, sempre amara o país. Minha irmã entrevistou altos oficiais do Exército, falou com as pessoas que moravam na antiga casa dos meus pais. Ela é muito destemida. Já eu tinha medo só de estar ali.

Naquela tarde, pedi ao meu tio que me levasse ao hospital em que eu havia nascido, à casa onde meus pais moravam e aos mercados onde faziam compras. Com base nas histórias que meus tios contavam sobre a infância, eu estava esperando algo... grandioso, até lindo. Mas, depois do que vi, e reluto em admitir isso, fiquei chocada, chateada, deprimida. Já tinha visto pobreza, mas não daquele tipo.

Eu tinha crescido ouvindo que Uganda era a pérola da África — verdejante, exuberante, bonita. Mas vi crianças em meio a pilhas de lixo, edifícios centenários em ruínas e abandonados. O cheiro dominante era de lixo e fumaça dos carros.

Aquilo me deixou muito triste.

Fiquei por alguns dias, mas não vi ou fiz nada além de ir visitar um tio que morava a algumas horas de distância e tinha um viveiro de rosas — um lugar lindo, mas era tarde demais para que eu pudesse desfrutar de alguma coisa. Só conseguia ver destruição e pobreza.

Quando voltei para Toronto, foi ainda pior. Cheguei ao meu apartamento fofo, bem localizado, com vista para o lago, e então me dei conta: eu havia passado todos aqueles anos desde a faculdade odiando Idi Amin por nos negar nosso país, mas, sentada na sacada, sentindo o ar fresco, me sentia culpada e agradecida ao mesmo tempo.

Era horrível pensar assim. Eu sabia a sorte que tinha de viver no Canadá. Apesar de só ter descoberto a história completa da família depois de adulta, desde pequena meus pais nos fizeram entender como éramos sortudos por termos sido recebidos no país. Chamo isso de gratidão do refugiado. Mas também sentia raiva que uma única pessoa pudesse decidir onde toda uma comunidade podia ou não viver.

Naquele momento, soube que as coisas precisavam mudar. Sabia que aquelas emoções que extravasavam não iriam embora. Pedi demissão e comecei a procurar algo relacionado à maneira como eu me sentia em relação a Uganda. Foi assim que acabei trabalhando para uma mulher que me ofereceu a oportunidade de criar uma fundação com seu nome e focar no empoderamento de meninas em países subdesenvolvidos. Através disso, criei um programa chamado G(irls)20, que acabei transformando em uma entidade própria. Então comecei a trabalhar exclusivamente por jovens garotas — o que me levou a Malala.

Meus sentimentos em relação a Uganda são complicados. Um terço de mim continua curiosa e ansiosa para encontrar uma maneira de ajudar as meninas de lá. Um terço se sente culpada por não ter crescido no país. Outro terço sente raiva pelo que aconteceu lá e continua acontecendo ao redor do mundo. Ainda estou lutando para descobrir o que fazer pelo país onde nasci. Embora às vezes sinta que meu país desistiu de mim, nunca desisti dele.

Epílogo

Quando deixei o vale do Swat, no Paquistão, em 9 de outubro de 2012, meus olhos estavam fechados. Acordei uma semana depois na unidade de terapia intensiva de um hospital em Birmingham, na Inglaterra. Minha última recordação era de estar no ônibus da escola, rindo com minha amiga Moniba.

Embora tenha passado a gostar da minha vida na Inglaterra, durante muitos anos quis voltar para casa — para minhas amigas, meu quarto, minha escola, os sons e os cheiros de Mingora que eu nem sempre valorizara. A princípio, não sabia que não podia voltar. E então, quando me contaram, não acreditei. Não podia ser. Como era possível que enquanto eu estava inconsciente tinha perdido minha casa e o mundo que conhecia tão bem? Haviam sido roubados de mim pela violência e pelo terror. Para continuar a salvo, eu precisava ficar longe do Paquistão.

Ao longo dos anos, conforme o clima político mudava, pensei que talvez fosse hora de voltar para casa. Consideramos a possibilidade, mas ainda não dava. Então consideramos de novo, e ainda não dava. Mas eu estava determinada. Sou uma pessoa muito teimosa, e se houvesse um jeito ia descobrir.

Em 31 de março de 2018, eu estava de volta à minha casa no vale do Swat — e parecia que tinha voltado no tempo. Minha família e eu tínhamos feito as malas e viajado da Inglaterra para Dubai e depois de lá para Islamabad, onde pegamos um helicóptero para o Swat. Vi a beleza do meu vale do alto pela primeira vez em mais de cinco anos — a cordilheira interminável, a vegetação, os rios. Preocupada que o momento e o que eu sentia me escapasse, gravei tudo na memória e, é claro, no meu iPhone.

Me perguntei se meus pais tinham notado tamanha beleza quando estavam ao meu lado durante minha retirada do Swat.

— Não vimos nem o mar nem a montanha. Enquanto seus olhos estavam fechados, os nossos também estavam — meu pai disse.

EPÍLOGO

O ar se agitava ao nosso redor quando aterrissamos no mesmo heliporto de onde eu tinha sido retirada em uma maca. Ficamos todos em silêncio.

Voltar para casa era diferente para cada um de nós. Meu irmão Atal era muito novo quando fomos embora. A vida no Paquistão era um borrão para ele, que é um menino inglês agora. Mas para meu irmão Khushal e eu, assim como para nossos pais, a emoção ao dar o primeiro passo para fora do helicóptero e tocar o chão do nosso vale foi forte. Minha mãe chorou de alegria. Absorvi tudo. A sensação da terra, o calor do sol, o ar que parecia ao mesmo tempo estrangeiro e familiar.

E então fizemos aquilo que eu sonhara e receava que nunca mais fosse acontecer: fomos para casa.

———

Meu coração acelerou conforme passamos por pontos conhecidos — a casa de uma amiga, as ruas onde meus irmãos e eu costumávamos brincar, o caminho para a escola. Logo eu e minha mãe estávamos no meu quarto.

Quando não voltei para casa depois da escola naquele dia de 2012, minha mãe se perguntou se eu voltaria a ver meu quarto, se ela voltaria a compartilhar outro momento de tranquilidade em casa com a filha. Só me ver parada ali já a deixava muito feliz. Dava para ver uma paz em seu rosto que eu não via em anos. Amigos da família moram na nossa casa agora, e foram gentis o bastante para garantir que tudo no meu quarto permanecesse como havíamos deixado. Depois, minha mãe disse:

— Malala deixou o Paquistão com os olhos fechados; mas agora retorna com os olhos abertos.

Meus olhos estão mesmo bem abertos. Vejo a sorte que tive — a sorte que tenho. Essa viagem foi a experiência mais emocionante, memorável, bonita e assombrosa do mundo para mim e para minha família. Embora não tenha sido fácil — após inúmeras tentativas fracassadas e grandes decepções —, consegui voltar para casa, ainda que brevemente. Tive a chance que alguns nunca vão ter. A história de muitas das jovens deste livro ainda se desdobra. Para elas, voltar para casa provavelmente parece impossível, e talvez seja mesmo. Mas, se for o que desejam, espero que aconteça.

Também fazia muito tempo que não víamos nossos amigos e familiares. Mais de quinhentas pessoas foram nos encontrar em Islamabad, para nos dar um abraço e rezar por nós. Tiramos muitas fotos, e adoro vê-las agora que estamos de volta à

EPÍLOGO

Inglaterra. Espero de verdade que não se passem mais cinco anos e meio antes que possa ver aqueles rostos de novo.

O Paquistão mudou desde que fui embora. O crescimento populacional levou à superlotação em algumas áreas. Há muito mais casas e pessoas no Swat do que havia em 2012. Mas também há mais paz. Olhando para as montanhas que no passado serviram de quartel-general local para as forças talibãs, agora há apenas árvores e campos.

Mas ainda há muito o que fazer no meu país — embora eu não more mais lá, ainda é o meu país. Ele está sempre presente nos meus pensamentos e nas minhas ações. Meu sonho é que todas as crianças paquistanesas tenham acesso a doze anos de educação gratuita, de qualidade e em segurança, para depois construírem um belo futuro para nosso país. Em poucos anos, o Fundo Malala investiu pesado na educação das meninas no Paquistão, abrindo a primeira escola de ensino médio para garotas em Shangla e apoiando defensores da causa em todo o país.

Não deixei meu país por escolha, mas retornei por escolha. Ter uma escolha tão importante tirada de mim me deixou ainda mais apegada às escolhas que posso fazer. Escolho falar. Escolho defender os outros. Escolho aceitar o apoio de pessoas do mundo todo.

Estou longe de casa, e escolho usar as lembranças de

momentos da minha vida para me ajudar a me conectar com 68,5 milhões de pessoas deslocadas e refugiadas no mundo todo. Para vê-las, para ajudá-las, para compartilhar suas histórias.

Nota da autora

A renda proveniente deste livro será usada no Fundo Malala para a educação de meninas. Cada jovem* retratada nestas páginas recebeu uma remuneração por compartilhar sua história com Malala e os leitores deste livro.

* Farah e Jennifer não foram remuneradas por sua contribuição.

Agradecimentos

Eu não planejava escrever este livro — mas os eventos atuais tornaram impossível não o fazer. Muitas pessoas em todo o mundo apoiaram a mim e a minha causa, e sou grata pelo alcance da minha voz.

Em primeiro lugar, fico honrada que estas garotas e mulheres tenham compartilhado suas histórias comigo e permitido que as compartilhasse com vocês. Descobri o poder da narrativa através do meu ativismo e dos meus livros, e poder contar outras histórias além da minha é um presente.

Este livro é feito de muitas partes diferentes, e muita gente ajudou a montá-lo:

Philippa Lei, Farah Mohamed, Hannah Orenstein, Maria

AGRADECIMENTOS

Qanita, Bhumika Regmi, Taylor Royle, Tess Thomas, McKinley Tretler e toda a equipe do Fundo Malala, no passado e no presente (incluindo Eason Jordan, Meighan Stone e Shiza Shahid).

Os sócios do Fundo Malala que facilitaram nosso trabalho com muitas das garotas deste livro: Amira Abdelkhalek, Holly Carter, Anne Dolan, Stephanie Gromek, Susan Hoenig e Jérôme Jarre (e Muhammed Zubair).

Liz Welch, que ajudou a colocar todas essas histórias no papel, independente da hora do dia ou da noite no fuso horário em que estava.

Farrin Jacobs, que queria ver este livro publicado tanto quanto eu. Obrigada por tanto do seu tempo e da sua dedicação.

Karolina Sutton, minha agente literária, que é pequena mas poderosa.

Megan Tingley, Katharine McAnarney, Sasha Illingworth, Jen Graham e o resto da equipe para jovens leitores da editora Little, Brown; David Shelley, Jenny Lord, Katie Espiner, Sarah Benton, Helen Richardson, Tom Noble, Katie Moss e Holly Harley, da editora Orion; Tanya Malott e Brandon Stanton.

É uma sorte ter uma família que me apoia, sem a qual eu nunca teria criado coragem para falar.

As pessoas que conheci no Reino Unido foram muito bondosas comigo — desde médicos e professores até meus amigos — e me ajudaram a me adaptar ao país.

Minha família e eu tivemos a sorte de ser recebidos nos lares de outras pessoas quando precisamos deixar nosso vilarejo no Paquistão, e não fomos os únicos: moradores das proximidades abriram suas portas para centenas de milhares de pessoas forçadas a fugir. Pessoas que abrigaram moradores do vale do Swat e que apoiam refugiados e deslocados representam o melhor da humanidade. Sou grata a elas, e sou grata a você por escolher este livro e garantir que as histórias de Zaynab, Sabreen, Muzoon, Najla, María, Analisa, Marie Claire, Ajida e Farah não sejam esquecidas.

Como ajudar

As estatísticas são impressionantes. De acordo com os números mais recentes do ACNUR, mais de 44 mil pessoas por dia são forçadas a deixar suas casas, e 68,5 milhões estão deslocadas no mundo inteiro. Dessas, 40 milhões permanecem no próprio país, enquanto 25,4 milhões são refugiadas. Mais da metade desses 25,4 milhões de refugiados vêm de três países: Sudão do Sul, Afeganistão e Síria.

Infelizmente, o deslocamento global não é um fenômeno novo. Mas atualmente estamos presenciando a maior crise de refugiados da história. Tantas pessoas não eram forçadas a deixar seu lar e seu país desde a Segunda Guerra Mundial, quando mais de 50 milhões foram deslocadas pela violência.

Desde então, milhões enfrentaram crises similares, em situações que podem ou não ter chegado ao seu conhecimento.

E o que fazer para ajudar? Você pode começar aprendendo a respeito. Há muitos recursos on-line, incluindo fontes de notícias confiáveis e o site do ACNUR (acnur.org), que fornece não apenas dados, mas contexto. Organizações como o Comitê Internacional de Resgate (IRC, na sigla em inglês),* o Fundo das Nações Unidas para a Infância (Unicef), a Associação Tent para Refugiados e a Kids in Need of Defense (Kind, uma organização americana) têm o propósito de ajudar pessoas em países que sofrem crises humanitárias.

Você pode ajudar doando dinheiro, claro, mas também pode fornecer seu tempo e sua atenção. Procure por organizações na sua região, como Jennifer fez, ou comece sua própria campanha, como Jérôme. Se voluntarie, escreva cartas para despertar a consciência, inicie ou entre para um grupo de apoio a refugiados em determinada localidade, seja legal com um aluno novo que tenha sido obrigado a migrar e este-

* A história do IRC remonta a Albert Einstein, que deixou a Alemanha nazista e em 1933 sugeriu a fundação de uma organização para apoiar outros alemães refugiados. "Tenho quase vergonha de viver em tamanha paz enquanto todos os outros lutam e sofrem", ele escreveu mais ou menos nessa época. A organização foi primeiro chamada de Associação Internacional de Socorro, e depois evoluiu para o Comitê Internacional de Resgate.

ja recomeçando a vida. Faça o que puder. Saiba que compaixão é a chave. E que atos de generosidade, tanto grandes quanto pequenos, podem fazer a diferença e ajudar o mundo a se curar.

Sobre as colaboradoras

Zaynab é embaixadora da juventude para imigrantes e refugiados na Green Card Voices e estuda ciências políticas, relações internacionais e filosofia na Universidade St. Catherine, nos Estados Unidos, onde figura entre as melhores alunas de sua turma. Pretende ser advogada de direitos humanos e voltar ao Iêmen assim que se formar em direito também. Seu sonho é tornar o mundo um lugar pacífico através da lei, da advocacia e da justiça social.

Sabreen e o marido moram na Bélgica e acabaram de ter um filho, Zidane, que recebeu esse nome por causa do jogador de futebol. Ela está estudando holandês e espera poder voltar à escola para ser capaz de sustentar a si mesma e ao filho. Considera a Bélgica seu novo lar e não tem planos de voltar ao Iêmen e à vida da qual teve que fugir.

Muzoon mora no Reino Unido, onde foi realocada com a família. Ela começou sua campanha pela educação das crianças enquanto ainda morava no campo de refugiados na Jordânia, onde conheceu Malala. Tornou-se a mais jovem embaixadora da boa vontade da Unicef e a primeira refugiada nomeada. Quando não está viajando pelo mundo para falar em defesa do direito de toda criança à educação, faz faculdade de política internacional no Reino Unido.

Najla mora em um assentamento em Shariya, na província de Dohuk, no Iraque, com a família e outros 18 mil deslocados. Embora haja uma escola ali, ela não pode frequentá-la porque, com 21 anos, está acima da idade permitida. Estudar perto de Mosul seria perigoso demais, devido à violência. Seu sonho é fazer faculdade, de preferência no exterior. Enquanto isso, ela e a irmã planejam abrir um salão de cabeleireiro em Shariya.

María mora em Manuela Beltrán, na Colômbia, com a mãe e o irmão de dezoito anos. Ela trabalhava em uma esmalteria, mas pediu demissão porque considerava o salário injusto.

Quer estudar comunicação ou pedagogia na faculdade, porque acredita que é a melhor maneira de manter a família segura. Seu sonho é ter uma carreira que a ajude a sustentar a si mesma e à mãe, para que nunca mais tenham que passar fome ou viver na pobreza.

Analisa mora com o meio-irmão e a família dele em Massachusetts, nos Estados Unidos. Está no segundo ano do ensino médio e planeja fazer faculdade de enfermagem depois que se formar. Seu sonho é se tornar enfermeira para ajudar outras pessoas nos momentos em que mais precisam.

Marie Claire estuda enfermagem na Universidade Adventista de Washington, em Maryland, Estados Unidos. Quer trabalhar com o sistema Sigma, das Nações Unidas, para poder ajudar refugiados no mundo todo e em particular da Zâmbia. Ela quer trabalhar como enfermeira e mentora, para incentivar outras pessoas a irem atrás de seus sonhos.

Jennifer mora em Lancaster, Pensilvânia, nos Estados Unidos, com o marido e dois filhos. Dezessete membros da família de Marie Claire moram por perto e são considerados parte da família. Ela continua sendo uma voluntária ativa da cws, a organização através da qual pôde ajudar Marie Claire e sua família.

SOBRE AS COLABORADORAS

Ajida vive com o marido e os três filhos na região de Gumdhum do campo de refugiados de Cox's Bazar, em Bangladesh, onde estão mais de 700 mil rohingyas. Ela faz fornos de argila para outros refugiados enquanto o marido é da equipe de limpeza, ambos através do Love Army. Os três filhos, de nove, sete e quatro anos, frequentam o centro de comunicação, mas não há escola apropriada disponível para as crianças. Ela não planeja voltar ao seu país.

Farah nasceu em Uganda, tem ascendência indiana, foi criada no Canadá e agora mora em Londres, Inglaterra, onde é a CEO do Fundo Malala, cuja missão é ajudar a criar um mundo em que toda menina tenha acesso a doze anos de educação gratuita, de qualidade e em segurança. Ao longo de sua carreira, ela ganhou inúmeros prêmios pelo serviço público e pelo comprometimento com o empoderamento feminino. Sua maior aventura foi subir o monte Kilimanjaro.

Sobre a autora

Malala Yousafzai é cofundadora e membro do conselho do Fundo Malala. Ela começou sua campanha pela educação com onze anos, quando escrevia um blog anônimo para a BBC urdu sobre a vida sob os talibãs no vale do Swat, no Paquistão. Inspirada pelo ativismo do pai, logo começou a defender publicamente a educação das meninas, atraindo atenção da mídia internacional e recebendo prêmios. Com quinze anos, ela foi atacada pelo Talibã por se pronunciar. Malala se recuperou no Reino Unido e continuou a lutar pelas meninas. Em 2013, criou o Fundo Malala, com seu pai, Ziauddin. Um ano depois, recebeu o prêmio Nobel da paz, em reconhecimento por seus esforços para que todas as meninas tenham acesso a

SOBRE A AUTORA

doze anos de educação gratuita, de qualidade e em segurança. É aluna da Universidade de Oxford, onde estuda filosofia, política e economia.

1ª EDIÇÃO [2019] 5 reimpressões

ESTA OBRA FOI COMPOSTA EM DANTE PELO ESTÚDIO O.L.M./ FLAVIO PERALTA
E IMPRESSA EM OFSETE PELA GRÁFICA BARTIRA SOBRE PAPEL PÓLEN NATURAL DA
SUZANO S.A. PARA A EDITORA SCHWARCZ EM JUNHO DE 2023

A marca FSC® é a garantia de que a madeira utilizada na fabricação do papel deste livro provém de florestas que foram gerenciadas de maneira ambientalmente correta, socialmente justa e economicamente viável, além de outras fontes de origem controlada.